클라우드로
TO THE CLOUD
혁신하라

판카즈 아로라, 라즈 비야니, 살릴 데이브 지음 | 현동식 옮김

To the Cloud: Cloud Powering an Enterprise, 1st Edition.

Korean Language Edition Copyright ⓒ 2014 by McGraw-Hill Education Korea, Ltd.

All rights reserved. No part of this publication may be reproduced or distributed in any form or by any means, or stored in a database or retrieval system, without prior written permission of the publisher.

1 2 3 4 5 6 7 8 9 10　　　　IPG　20　14

Original: To the Cloud: Cloud Powering an Enterprise, 1st Edition. ⓒ 2012
　　　　By Pankaj Arora, Raj Biyani, Salil Dave
　　　　ISBN 978-0-07-179221-9

This book is exclusively distributed by Information Publishing Group.

When ordering this title, please use ISBN 978-89-5674-603-6
Printed in Korea

비즈니스 가치를 높이는 MS의 클라우드 핵심 전략
클라우드로 혁신하라

초판 1쇄 인쇄 | 2014년 1월 2일
초판 1쇄 발행 | 2014년 1월 7일

지은이 | 판카즈 아로라, 라즈 비야니, 살릴 데이브
옮긴이 | 현동식
발행인 | 이상만
발행처 | 정보문화사

편집팀장 | 이미향
책임편집 | 정수진

주소 | 서울특별시 종로구 동숭동 1-81
전화 | (02)3673-0037~9(편집부) (02)3673-0114(대)
팩스 | (02)3673-0260
등록 | 제1-1013호
ISBN | 978-89-5674-603-6

도서 문의 및 A/S 지원
정보문화사 홈페이지 | http://www.infopub.co.kr
저자 이메일 | dshyun99@bizinnovator.net

이 책은 저작권법에 따라 보호받는 저작물이므로 무단 전재와 무단 복제를 금지하며,
책 내용의 전부 또는 일부를 사용하려면 반드시 저작권자와 정보문화사의 서면 동의를 받아야 합니다.

• 정보문화사는 독자 여러분의 의견에 항상 귀를 기울이고 있습니다.
• 잘못된 책은 구입처에서 교환해 드립니다.
• 책값은 뒤표지에 있습니다.

TO THE CLOUD

역자의 글

　클라우드 컴퓨팅이 소개된 지 얼마 되지 않아서 클라우드의 개념도 헷갈리고 비즈니스 가치와 실현 가능성에 대한 긍정적/회의적 시각이 뒤엉켜서 논의되던 시기에, IT 비즈니스에 가장 많은 영향력을 끼친다고 알려진 IT 시장 조사 기관인 Gartner Group에서 클라우드 컴퓨팅을 전환(Transformational) 혹은 파괴적(Disruptive) 기술로 분류한 보고서가 나왔다. 아마도 2008년 정도.

　전환 혹은 파괴적 기술이란 표현은 지금까지 광범위하게 수용되고 있던 특정 기술을 대체할 뿐만 아니라, 기술의 대체로 인해 조직의 비즈니스와 업무 방식, 경제 그리고 더 나아가 사회적인 부분까지 변화를 가져오는 폭발력이 있다는 의미로 이용되고 있다. 그러면 Gartner Group은 왜 클라우드를 파괴적인 기술이라고 정의했을까? 그 시점에서 약 6년 정도 흐른 현시점에서 생각해 보면, 이들의 판단은 현명했고 매우 정확했다는 점에 동의할 수밖에 없다.

　클라우드로 인해 IT 산업계에는 커다란 지각 변동이 진행 중이고, Microsoft, 어도비, 오라클과 CA 같은 전통적인 SW 기업들은 라이선스 방식의 제품 개발과 판매에서 클라우드 서비스로의 전환에 역량을 집중하고 있다. 해당 기업들은 지속적인 성장과 경쟁력의 확보가 클라우드 비즈니스 모델의 확보에 있다고 믿기 때문이다. 얼마 전 미국에서 열린

IT 컨퍼런스에 참석할 기회가 있었다. 컨퍼런스와 같이 진행된 솔루션 전시 행사에 참석한 100여 개의 업체들 중 절반 이상이 라이선스 방식이 아닌 클라우드 방식으로 자신들의 상품을 판매하는 정책을 가지고 있었다.

IT 산업계가 가장 빠르게 대응하고 있지만, 궁극적인 소비 주체인 기업들과 개인들에게도 빠르게 스며들고 있다. 이제는 클라우드를 비즈니스에 접목해서 비용을 절감하거나 생산성을 높인 기업 사례들이 별 관심을 끌지 못하는 정도까지 이르렀다. 이전의 많은 IT 기술과 제품들의 이런 기본적 가치들의 제공을 통해 시장에서 성공할 수 있었지만, 클라우드가 제공하는 가치는 여기에 머물지 않는다. 생산성 향상과 비용 절감은 가장 기본적인 가치가 되고, 기업들의 근본적인 숙제 - 지속적 성장과 수익 창출, 경쟁력 확보 그리고 이런 목표를 가능케 하는 비즈니스 모델의 적용과 비즈니스 속도 - 들을 해결할 수 있는 클라우드의 핵심 가치가 인식되고 있기 때문이다. 비즈니스 모델과 수준을 전환 혹은 높일 수 있는 클라우드의 도입은 필연적으로 기업의 업무 방식, 조직 모델, 인력 구조 및 운영 방식의 변화를 요구하게 된다.

클라우드 컨설팅을 하면서 이런 고민에 빠져 있던 역자가 - 아마 클라우드의 도입을 고려하는 많은 기업들도 같으리라 생각한다 - 만나게 된 것이 바로 이 책이었다. Microsoft가 도전적으로 클라우드를 도입 및 적용하면서 얻게 된 경험과 결과 그리고 자신들이 사용했던 방법론을 잘 구조화시키고 step by step 방식으로 정리한 이 책을 읽어 내려가면서 그간의 고민들이 깔끔하게 정리됨을 느낄 수 있었다. 더불어 한 가지 의무감도 찾아왔다. 이것은 클라우드를 활용하고자 하는 모든 이들과 공유해야 하는 자산이기 때문에 누군가 그 역할을 해야 한다는 것이었다. 이것이 『클라우드로 혁신하라』가 번역되어 국내 독자들에게 선보이게 된 출발점이었다.

여러분이 지속적인 비즈니스의 성장이나 전환을 꾀하거나 혹은 더 효과적으로 기본적인 수준의 비즈니스 가치를 얻기 위해 클라우드를 검토하고 있다면, 우선적으로 이 책의 안내를 받으면서 클라우드로의 여정을 시작하기를 권고한다.

이 책의 번역과 출판을 가능하게 해준 송호석 컨설턴트와 동료들 그리고 정보문화사 관련자 분들에게 감사의 말씀을 드린다.

현동식

옮긴이 | 현동식 dshyun99@bizinnovator.net

IT 기업들의 영업 전략과 영업 프로세스 모델링 수립 및 구현 컨설팅을 제공하는 Business Innovation의 대표 컨설턴트로 근무하고 있으며 기술, 제품과 새로운 트렌드를 비즈니스 관점에서 이해하고 해석하는 일을 가장 재미있어 한다. Microsoft 아시아 태평양 지역의 영업 & 마케팅 분야 컨설턴트로 활동 중이며, Microsoft의 퍼블릭 클라우드 서비스인 Windows Azure의 Azure Circle Partner이다.

감수 | 송호석 hssong@bizinnovator.net

Microsoft 컨설팅 사업부에서 16년간 근무하면서 다양한 산업계의 고객들에게 개발 및 기술 그리고 아키텍처 컨설팅 등 다양한 서비스를 제공해 왔다. IT 생태계 및 비즈니스에 대한 깊은 이해와 통찰력을 가지고 있다. 현재 Business Innovation의 수석 컨설턴트로 근무하면서 Microsoft Azure Circle Partner로 활동하고 있다.

TO THE CLOUD

추천의 글

"아주 좋은 책이다. 특히, Microsoft가 클라우드로 전환하는 과정을 잘 설명해준 것이 인상 깊었다. 말로만 하는 것보다 행동으로 보여주고 솔선수범하는 것이 훨씬 더 효과적이다."
— Al Ries, 『경영자 VS 마케터』 저자

"이 책은 내가 이전에는 볼 수 없었던 한 단계 높은 수준의 클라우드 적용 방안을 기업들에게 보여주고 있다. 많은 고민을 한 것 같은, 잘 짜여진 프레임워크와 분명한 접근 방식을 접목함으로써 내용을 명확하게 전달하고 있다."
— Anthony D. Christie, Level 3 Communications 최고 마케팅 경영자

"이 책은 IT 관련 업무를 수행하는 사람들을 위한 선물이다. 책의 저자들이 선택한 4-E 접근 방식(Explore, Envision, Enable and Execute)은 클라우드가 가져오는 다양한 기회들을 잘 보여줌과 동시에 이들을 접목하고 통합하는 방안을 세부적으로 제시하고 있다는 측면에서 많은 칭찬을 해주고 싶다. 이 책은 CIO뿐만 아니라, 기업 고객들에게 클라우드의 가치를 극대화할 수 있는 방안을 컨설팅하거나 조언하는 IT 서비스 기업들에게도 많은 가치를 제공할 수 있다. 나는 조금의 망설임도 없이 이 책이 클라우드 관련 서적 중에서 최고라고 이야기할 수 있다."
— Ashok Soota, Happiest Minds 회장

"기업의 관점에서 – 비즈니스, 기술, 그리고 조직적 영향 – 에서 볼 때, 이 책은 클라우드로의 긴 여정을 가장 실질적이고 시기 적절한 방법으로 다루고 있다."
— Bart Luijten, Philips 총괄 CIO

"이 책은 클라우드를 이해하고자 하는 모든 CXO에게 추천해 주고 싶은 책이다. 이 책은 CXO들의 비즈니스를 위해 많은 일을 해줄 수 있다. 그리고 더 중요한 것은 조직에 효과적으로 클라우드를 적용하는 방법을 제시하고 있다는 점이다. 저자들은 독자들이 클라우드가 제공하

는 장점들을 지속적으로 수용할 수 있도록 클라우드라는 난해한 주제를 아주 명확하게 설명해주고 있다."

— Jean-Philippe Courtois, Microsoft International 사장

"클라우드는 미래의 기업들을 구현하는 데 필요한 비즈니스 솔루션을 제공해준다. 이 책은 클라우드 적용을 위한 단순하면서도 잘 구성된 그리고 높은 수준의 프로세스 지도를 기업들에게 제공해준다."

— Kris Gopalakrishnan, Infosys㈜ 회장

"이 책은 자기 조직과 연계된 IT의 필요성을 평가하고자 하는 CEO를 위한 안내자라고 할 수 있다. 다양한 표와 차트, 그리고 시각 자료들을 사용해서 IT 기술을 모르는 독자들도 쉽게 이해할 수 있도록 해주면서, 클라우드가 기업에 어떤 가치를 제공할 수 있는지를 깨닫게 해준다. 한마디로 요약하면, 이 책은 CEO가 CIO의 언어를 해독할 수 있도록 해준다."

— Rajesh Dalal, Johnson & Johnson Medical India 전 CEO

"이 책은 실질적이고 시기 적절하게 출간된 입문서이다. 클라우드는 IT를 새로운 단계로 — 기업의 비즈니스를 전환시킬 수 있는 플러그 앤 플레이(Plug and Play) 방식으로 구현되는 IT 환경 — 끌어올릴 것이다. 책의 저자들은 많은 기업들이 아직도 제대로 구현하지 못하고 있는 IT 생산성의 확보라는 오래된 숙제를 클라우드가 어떻게 구현하는가를 설명해주고 있다. 개념으로 논의되는 클라우드 컴퓨팅이 아닌, 실제로 구현되고 활용될 수 있는 클라우드 컴퓨팅을 보여준다."

— Ravi Kastia, Aditya Birla Group 글로벌 총괄 디렉터

"클라우드는 모든 여행자들이 만들어야 하는 자기만의 여행 경로와 최종의 목적지와 같다. 이 책은 기업들이 자신들의 여행 경로를 만들도록 도와주는 하나의 안내서이다. 효과적으로 구성된 단계별 접근 방식을 제공하면서도 궁극적으로 IT의 비즈니스 가치를 높이기 위한 도구로서의 클라우드 컴퓨팅이란 핵심 주제를 유지하고 있다."

— S. Anantha Sayana, Larsen & Toubro㈜ IT 총괄 임원

TO THE CLOUD
머리말

"IT는 변화의 속도가 너무 빨라서 현업부서들이 따라가기 힘들 정도다. 변화의 속도가 조금 늦었으면 좋겠다." 혹은 "우리 회사의 IT 부서는 회사가 요구하는 사항들을 이미 잘 지원하고 있기 때문에, IT에 무엇을 요구해야 할지 잘 모르겠다."라고 말하는 현업 실무자나 임원들을 아직까지도 만나본 적이 없다. 대신에 IT 종사자들은 다른 사람들의 눈에는 업무가 지연되는 원인을 제공하는 주범이고, 항상 반대만 하는 사람들 혹은 아주 게으른 존재들로 비춰지고 있는 것이 현실이다.

나는 클라우드 컴퓨팅이 사람들의 이러한 인식을 변화시킬 수 있다고 생각한다.

클라우드는 운영 비용을 줄이는 데 도움이 되기도 하지만, 클라우드가 주목받는 진짜 이유는 기업들을 "실시간 기업(Real-time enterprise)"으로 전환하게 해주는 능력에 있다고 생각한다. "실시간 기업"이 되기 위한 요건은 빠른 애플리케이션 개발, 비즈니스 관련 데이터의 지속적 흐름 보장 능력 그리고 지금까지는 수년간의 계획과 반복 실행을 거쳐도 달성이 어려웠던, 현업 부서들의 비즈니스 요구를 바로 처리할 수 있는 빠른 대응 능력이라고 말하고 싶다.

사실 개인적으로는 클라우드 컴퓨팅이 올 것인지의 여부는 중요한 질문이 아니다. 클라우드 컴퓨팅의 시대는 이미 도래했기 때문이다. 내가

묻고 싶은 것은 "기업의 IT가 얼마나 빨리 클라우드에 동승해서 비즈니스의 속도를 극대화할 것인가?"이다.

아마도 클라우드라는 개념이 CIO들에게는 여러 가지 생각을 불러일으키지 않을까 생각된다. 어떤 이는 기대와 흥분을 하는 반면, 어떤 이는 회의적이거나 심지어는 공포감을 느끼기도 할 것이다. 내가 본 전반적인 반응은 클라우드 컴퓨팅 기술이 성숙하려면 좀 더 시간이 필요하다는 것이다. 어떤 사람들은 클라우드가 18개월 정도면 충분할 거라고 이야기하고, 어떤 이들은 그래도 5년 정도는 지나야 본격적인 움직임이 있을 거라고 예상하기도 한다. 이들의 주된 걱정거리는 다음과 같다.

- **경제** 기업들이 처한 최근의 경제 여건은 IT 부서들이 비용 절감의 수단으로 클라우드 컴퓨팅을 검토하게 만들고 있다. 실제로 많은 사람들이 온-프레미스 방식과 비교해서 클라우드 컴퓨팅이 더 나은 경제적 대안이라고 생각하고 있다. 그러나 동시에, 많은 사람들이 클라우드의 투자수익(Return On Investment, ROI)을 산출하는 방식과 장기간에 걸쳐 얻을 수 있는 비용 절감 효과에 대해 의문을 표시하고 있다. 예를 들어 ROI는 조직의 크기와 성숙도 그리고 복잡도 같은 많은 요소들에 의해 결정될 수 있는 것이지 기술 하나에 의해 단순하게 산출되는 것은 아니라는 주장이다.

- **복잡도** 클라우드 컴퓨팅의 도입은 "모 아니면 도(All or Nothing)" 방식으로 처리할 수 있는 일은 아니다. 앞으로 대부분의 조직들이 IT 시스템의 일부는 온-프레미스로 구성하고 다른 부분은 클라우드로 구성하는 하이브리드 환경이 조직의 비즈니스 필요와 요구를 가장 잘 지원할 수 있다는 것을 알게 될 것

이다. 따라서, CIO에게는 이런 하이브리드 IT 환경의 복잡도를 어떻게 관리할 것인가가 제일 중요한 질문이 될 것이다.

- **보안** CIO들은 클라우드에 저장되거나 송수신되는 중요 데이터가 안전하다는 점을 회사와 고객 그리고 파트너들에게 설명하는 데 애를 먹고 있다. 또한 주요 정보가 회사가 아닌 다른 장소에 있을 경우 이 정보를 보호하는 방법에 대해서도 많은 우려를 하고 있다.

- **성능** CIO들은 클라우드로의 이행이 성능 문제를 야기하지 않을까 걱정하고 있으며, 오프-프레미스 서비스(클라우드)가 온-프레미스 서비스만큼 안전한지에 대해서도 우려하고 있다. 또한 전력 공급 중단, 네트워크 대역폭의 부족 그리고 서비스 보장 수준의 미비 등이 CIO들이 주로 걱정하는 사안들이다.

Microsoft 내부에서도 동일한 질문을 계속 해오고 있다. 그리고 자체적으로 클라우드용 제품을 개발하고 테스트하면서 해답들을 찾고 있다. 많은 기업의 IT 조직들처럼 Microsoft도 새로운 기술이 소개되면 가장 먼저 도입을 하고 다양한 시도를 하는 것에 자부심을 느끼고 있다. 이런 이유로 Microsoft IT 부서는 자신들의 역할을 "Microsoft의 첫 번째이자 최고의 고객"으로 여기고 있다.

- 2010년, 우리는 Microsoft 웹 사이트인 Microsoft.com의 모든 컴포넌트들을 윈도우 애저 환경으로 성공적으로 이전시켰다. 이 글을 쓰는 현재도, Microsoft의 가장 중요한 애플리케이션인 "소프트웨어 라이선스 플랫폼"과 "직원 업무 성과 평가 시스템"의 재개발 작업이 진행되고 있다.

- 소프트웨어 라이선스 플랫폼은 두말할 필요도 없이 Microsoft의 가장 중요한

애플리케이션이면서 가장 오래된 시스템 중 하나다. 이 시스템은 매분기마다 수십조 원의 매출을 처리하는 도구들의 모음이라고 할 수 있다. 매월, 매분기, 매년 말에 엄청난 업무량을 처리해야 하는 이 시스템의 특성 때문에 클라우드 기반 솔루션으로 이행할 가장 적합한 후보로 선정되었다.

- 직원 업무 성과 평가 시스템은 모든 직원들이 연 2회 사용하고 있으며, 나머지 기간 동안에는 사용량이 거의 없다. 역시 이 시스템도 클라우드의 스케일-아웃과 스케일-다운[1]의 장점을 최대한 활용할 수 있기 때문에 클라우드로 이행하게 되었다.

우리는 지금까지의 경험을 토대로 현재 사용 중인 모든 애플리케이션들의 클라우드 이행 가능성을 검토하고 있다. 우리의 목표는 새롭게 도입되는 모든 IT 애플리케이션들을 클라우드 환경에서 구축하는 것이다.

이 책은 CIO와 IT 전문가들을 위해 CIO 관점에서 만들어졌다. 이 책은 우리가 반복적으로 듣고 있는 질문들과 Microsoft의 클라우드 도입 및 구현 과정에서 얻은 소중한 경험들과 사례들을 토대로 쓰여졌다. 더불어 이 책을 읽는 모든 사람들이 클라우드의 가능성에 대해 나만큼 큰 가치를 발견할 수 있을 것이다.

토니 스코트
Chief Information Officer
Microsoft Corporation
Redmond, Washington

---

[1] 역자 주: 업무 증가 시에 바로 서버를 추가해서 처리 능력을 늘리고 업무량 감소 시에는 바로 자원을 회수하는 방식

TO THE CLOUD

감사의 글

이 책은 많은 분들의 도움이 없었다면 출간되지 못했을 것이다. Microsoft의 CIO인 토니 스코트의 개인적인 가이드, 비전, 그리고 격려가 단순한 아이디어를 현실로 가능케 했다. Microsoft IT 엔지니어링의 부사장인 짐 드보이스와 IT 솔루션 딜리버리 그룹의 부사장인 샤흐라 알리에게도, 그들이 보여준 리더십과 격려에 감사드린다. 또한 깊은 통찰력과 건설적인 의견을 제공해 준 Microsoft IT 부서의 CTO인 배리 브릭스에게도 감사의 말을 전한다.

Microsoft 개발자 사업부의 부사장인 S. 소마세가르는 이 책을 만드는 데 있어 많은 지원과 코칭 그리고 깊은 통찰력에서 나온 의견들을 제시해 주었다. 그리고 Microsoft 서버 & 툴 사업부의 마케팅 부사장인 로버트 왓비와 사장인 사트야 나델라에게도 깊이 감사드린다.

Microsoft 인도의 회장인 바스카르 프라마니크는 브라질, 중국, 인도와 같은 신흥 시장에서 클라우드의 엄청난 가능성에 대해 생각해볼 수 있는 영감을 제공해 주었다. 바스카르 회장과 나눈 대화들은 "신흥 시장과 클라우드"라는 제목으로 에필로그에 담겨있다. 이 책은 많은 사람들의 협력에 의한 결과이다. 이 책을 집필하는 데에 협력과 정보 제공 그리고 소중한 의견을 제시해 준 동료들에게 진심으로 감사드린다.

Alain Crozier, Alan Stone, Amit Chatterjee, Amit Sircar, Amitabh Srivastava, Anand Krishnan, Ashish Soni, Bart Robertson, Beverly Carey, Bill Koefoed, Bill Laing, BJ Moore, Bob Anderson, Brad Sutton, Bret Arsenault, Chris Kuhl, Chris Pirie, Chris Sinco, Dave Gasiewicz, David Lef, Dee Dee Walsh, Donna Conner, Erin Dickerson, Frank Holland, Gina Dyer, Gretchen Oldberg, Ian Hill, Jacky Wright, Janakiram MSV, Jean-Philippe Courtois, Jeff Allen, Jeff Finan, John Williams, Jon Roskill, Justin Nelson, Kristy Bride, Kuleen Bharadwaj, Kurt Beard, Lakshmi Sulakshana, Lynn Kepl, Manuvir Das, Mark Wright, Matt Hempey, Matt Kellerhals, Meenu Handa, Michael Kogeler, Michael Yamartino, Mike Olsson, Neil Charney, Neil Holloway, Orlando Ayala, Patrick O'Rourke, Price Oden, Rakesh Kumar, Rolf Harms, Sanket Akerkar, Sean Nolan, Srini Koppolu, Steve Levin, Susan Hauser, Tanuj Vohra, Tarlochan Cheema, Tim Sinclair, Tony Oliver, Trupti Deo, Venkat Bhamidipati, Vijay Vashee, Vikram Bhambri, Walter Puschner, and Yen-Ming Chen

이 책의 편집과 작성에 많은 기여를 해준 우리의 동료이자 Microsoft 베테랑인 나딘 카노에게도 감사의 말을 전하고 싶다.

클라우드볼루션 사례를 공유해 준 ㈜인포시스의 공동 회장인 크리스 고팔라크리샨, 인도 국세청 중앙처리센터의 e-governance 사례를 제공해 준 산제이 베르마, redBus 사례를 제공해 준 파닌드라 사마와 차란 파드마라주에게도 감사의 말을 전한다.

이 책의 출간과 마케팅 그리고 배포하는 과정에서 보여 준 파트너십에 대해 맥그로힐 출판사의 웬디 리날디와 모든 파트너들에게 감사의 말을 전한다.

이 책은 지난 일 년 간 셀 수 없이 많은 밤, 주말, 그리고 휴일 동안의 작업을 통해서 나올 수 있었기에 마니샤 파텔, 아르티 비안니 그리고 라쉬미 데이브가 보여준 희생과 지원에 깊은 감사를 드린다.

판카즈 아로라   라즈 비야니   살릴 데이브

TO THE CLOUD

프롤로그

IT의 비즈니스 가치

오늘날 모든 기업들은 어느 지역에서 무슨 사업을 하든 상관없이, 동시에 세 가지 목표를 달성하기 위해 고군분투하고 있다. 첫째는 기존의 제품과 서비스를 현 수준에서 유지하는 것이고, 둘째는 그 제품과 서비스를 지속적으로 개선하는 것이며, 마지막은 새로운 상품을 만들어내는 것이다. 가트너 그룹은 이 세 가지 행위를 "실행, 성장 그리고 전환"이라 표현하고 있고, 맥킨지 컨설팅은 "경쟁에서 살아남고, 경쟁에서 이기고, 규칙을 변경하라!"라고 말한다. 앞에 언급된 것이 모든 기업들이 이루고자 하는 것이라면, IT는 이 목표의 달성을 위해 무엇을 해오고 있을까?

지금까지 IT는 제품과 서비스를 지원해 왔다. 가트너 그룹에 의하면, 지난 2011년에는 IT 예산의 66%가 기존 제품과 서비스의 유지·보수에 사용되었고, 20%가 개선하는 업무에, 그리고 단지 14%만이 새로운 제품과 서비스의 도입에 투자되었다.[2] 세계화와 기업 간 경쟁이 지속적으로 심화되는 지난 6년의 상황에서도 이 비율은 거의 변하지 않았다. IT 예산의 활용이 당연히 "실행"에서 "성장"과 "전환" 단계로 이동할 것으로 예상하는 사람들도 있겠지만, 그런 현상은 일어나지 않고 있는 것이 현실이다.

---

2) 출처: Gartner, IT Metrics: Spending and Staffing Report, 2011, January 2011.

"비즈니스의 전환"을 목표로 계획된 프로젝트들은 해당 프로젝트를 통해 기업들이 경쟁 우위 요소를 확보할 수 있는 경우에만 그 목적을 달성할 수 있기 때문에, 기존 제품과 서비스의 유지·보수에 IT 예산의 60% 이상을 할당하는 현상이 계속 지속되고 있다. 사실 기업 환경에 어떤 기술을 도입하는가가 중요한 것이 아니라, 그 기술이 기업의 비즈니스 환경과 얼마나 연계되는가 혹은 어떤 가치를 제공하는가가 해당 기술의 도입 기준이 되어야 한다. 처음에는 경쟁 우위를 제공하던 기술도 시간이 지나고 보편화되면서 "성장" 혹은 "전환" 수준의 기술에서 "실행" 수준의 기술로 퇴행된다. 약 20여 년 전에 이메일 서버를 도입한 기업들은 고객이나 파트너와 더 빠르고 정확하게 의사소통할 수 있었고, 이를 통해 효과적이고 빠르게 시장에 대응할 수 있었다. 그러나 오늘날 이메일을 쓰지 않는 기업은 거의 없다. 그래서 언제부터인가 이메일은 "실행" 단계의 기술로 분류하고 있다.

IT가 새로운 애플리케이션이나 서비스를 제공하는데 소요되는 시간도 중요한 요소 중 하나다. 기업들은 시장 환경이 변하는 속도를 쫓아가지 못하고, IT는 비즈니스의 요구 사항이 변하는 속도를 쫓아가지 못하고 있다. 이런 현상을 그래프로 표시한다면 17페이지의 그림과 같다.

사실, IT가 비즈니스의 요구 사항을 충족하는 애플리케이션을 제공하는 시점이 되면, 이미 시장 환경이나 경쟁 요건은 확 달라졌을 가능성이 높다. 갓 만들어진 애플리케이션은 경쟁 우위의 확보라는 애초의 목표가 아닌 단지 비즈니스의 "실행"이나 "성장"을 지원하는 수준에만 머물게 된다. 비즈니스의 "전환"이라는 목표는 기존의 IT 방식으로는 달성이 점점 어려워지고 있다는 것을 인정해야 하는 시점에 와 있다.

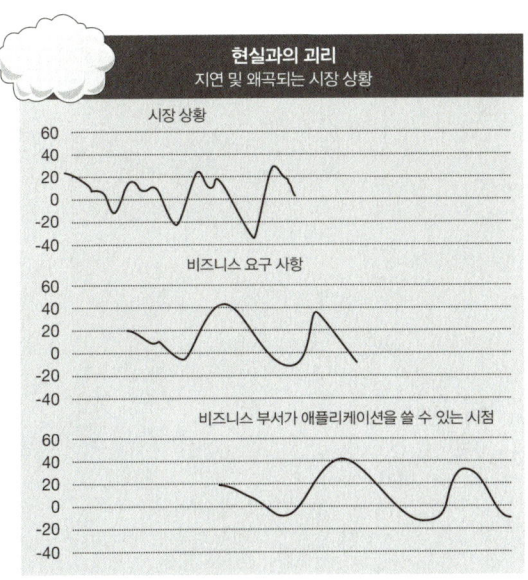

Run, Grow, Transform

IT 프로젝트의 성공 여부를 어떻게 측정할 것인가? 기업의 비즈니스를 "경쟁에서 살아남기" 수준에서만 지원하는 목표를 가진 IT 프로젝트는 총소유비용(Total Cost of Ownership, TCO)을 줄여야만 한다. 기존 제품과 서비스의 개선을 목표로 하는 "성장"형 프로젝트는 투자수익(ROI)을 높여야 한다. 투자수익(ROI)이 증가했다는 것은 기업이 더 많은 수익을 올렸다는 것을 의미한다. "게임 규칙의 변경"을 일으키는 "전환"형 프로젝트는 반드시 해당 기업에게 경쟁 우위를 제공할 수 있어야 한다. 18페이지의 그림과 같이 성공 여부는 비즈니스가 처한 상황에 의해 결정된다.

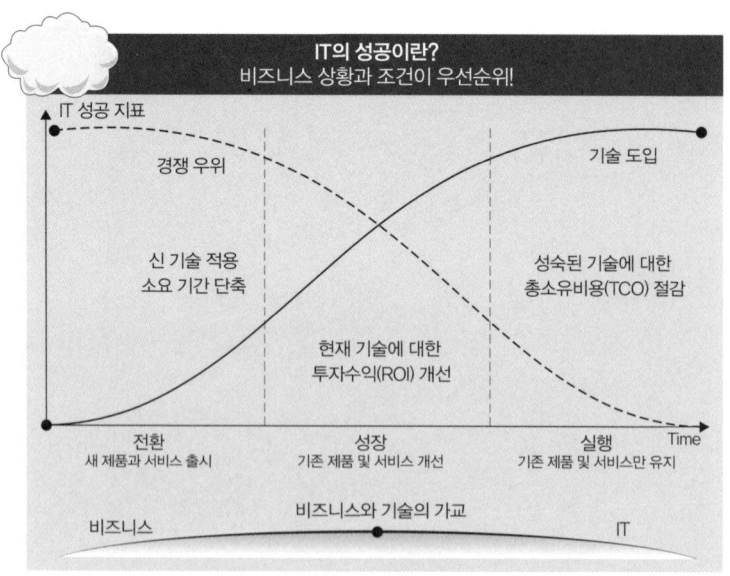

"실행"부터 "전환" 단계까지의 다양한 프로젝트를 수행해야 하는 현재의 상황은 IT 부서에게 커다란 도전이 되고 있다. 기업들은 경쟁 우위를 확보할 수 있는 "전환"형 프로젝트에 많은 관심을 가지고 있지만, 대부분의 IT 부서들은 총소유비용(TCO) 절감을 위한 "실행"형 프로젝트에 집중하고 있다. 불행히도 총소유비용(TCO)을 줄이는 것은 당연한 것이기 때문에 IT 부서들은 잘해야 본전인 셈이고 자기 자리를 지킬 수 있다. 이제 IT 부서는 그들이 수행한 프로젝트들이 "성장"과 "전환" 단계에 기여할 때에 그 공로를 인정받을 수 있다. 즉, IT 부서가 부가가치를 제공할 수 있는 파트너로서 현업 부서와 밀접하게 일을 수행해야 한다는 것을 의미한다.

그러나 2010년 딜로이트 컨설팅에서 진행한 CIO 설문 조사에 의하면, 응답자 중 60%가 현업 부서들이 IT 부서를 부가가치를 제공하는 파트너로 인식하지 않고 있으며, 비용만 발생시키는 부서 혹은 단순한 서비스 공급자로 여긴다고 대답했다. 한 회사에서 CIO가 누구에게 업무를 보고하는가도 현업 부서와 IT 부서 간의 역학 관계를 측정해 볼 수 있는 좋은 지표이다. 2010년 가트너 그룹의 한 조사 보고서를 보면, 38%의 CIO가 CEO에게 직접 보고하며 19%의 CIO는 COO(Chief Operating Officer, 서비스 공급자)에게, 그리고 25%는 CFO(Chief Financial Officer, 자금 관리 이사)에게 보고하는 것으로 나타났다.[3] CIO는 CEO와 같은 테이블에 앉기를 원하지만 대부분의 CIO들은 그 자리에 초대받지 못한다. 그 자리에 초대받기를 원한다면 CIO가 먼저 부가가치를 제공하는 파트너가 되어야 한다. CIO가 부가가치를 제공하는 파트너가 되기 위해서는 현업 부서가 원하는 목표를 이해해야 하고, 그 목표를 달성하도록 지원해야 한다.

왜 IT 플랫폼의 선택이 중요한지는 아래에 설명되어 있다. 모든 경쟁 차별화 요소는 비즈니스 논리, 즉 애플리케이션 계층에 존재한다. 따라서 IT 부서가 다른 곳보다 애플리케이션 계층에 더 많이 투자할수록 비즈니스 관점의 가치는 더 많이 증가하게 된다. Microsoft는 고객들이 애플리케이션 수준에 집중할 수 있도록 플랫폼 혁신에 주력하고 있다. 이것이 Microsoft가 클라우드 컴퓨팅 플랫폼에 집중적으로 투자하는 이유 중 하나이다.

성숙한 기업들의 경우에는 전체 시스템의 약 25%가 사용 기간이 약 8~10년 정도 된 기간 업무 시스템이다. IT 부서들은 총소유비용(TCO)을

---

3) 출처: Gartner, Inc., CEO Advisory: When Should the CIO Report to the CEO?, January 2011. Data is from Gartner's EXP Global CIO Survey. Respondent numbers vary from 620 (2003) to 1,600 (2010).

줄이기 위한 방안으로, 현재 운영 중인 온-프레미스 데이터와 서버를 통합하거나 가상화하고 있다. 약간의 기간은 소요되겠지만, 현재의 통합이나 가상화 작업의 다음 단계는 데이터와 서버를 사설 클라우드(Private Cloud)로 이행하는 작업이 될 것이다. 아래 그림이 보여주는 것처럼 규모의 경제가 주는 효과는 매 단계에서 더욱 명확해지고 커질 것이다.

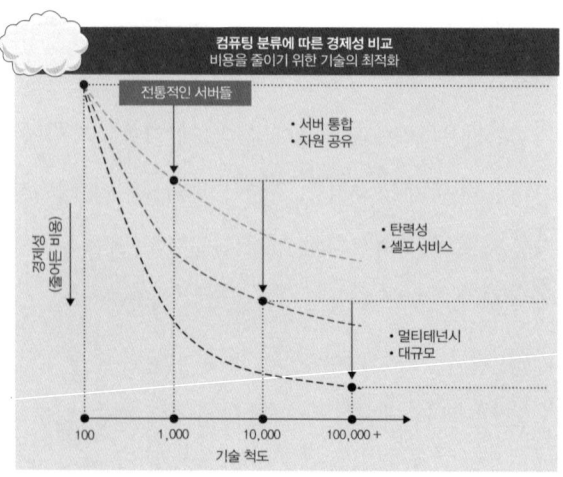

"성장"형 프로젝트는 사용자, 개발자, 그리고 IT 전문가들의 생산성을 높이는 방안이다. 사용자와 개발자들에게 자기 업무와 관련된 도구와 서비스를 활용할 수 있는 효과적인 방안을 제공함으로써 빠르게 생산성을 높이고, 이들 도구와 서비스들을 운영하기 위한 인프라를 구성하는 데 소요되는 시간을 줄여 주는 것을 주요 목표로 한다. IT 전문가와 개발자들은 클라우드의 프로비저닝[4], 스케일-아웃, 장애 방지와 기타 기능들을 이용해서 작업에 필요한 시간과 노력을 줄일 수 있다.

---

[4] 역자 주: 클라우드 사용자가 컴퓨팅 자원을-하드웨어와 소프트웨어-사용할 수 있도록 만들어 주는 작업 프로세스

많은 "전환"형 프로젝트는 투자수익(ROI) 증가나 총소유비용(TCO) 감소에 기여할 수 있는지를 기업이 정량적으로 판단하는 데 많은 시간이 필요하기 때문에, 일종의 모험이라고도 할 수 있다. 사실 우리가 진행하는 모든 업무의 실질적인 효과를 정량화하는 것은 매우 어렵기 때문에 "전환"형 프로젝트의 가장 중요한 일은 프로젝트를 가능한 빠른 시간 내에 실제 운영 단계로 전환하고 이를 통해 정량화된 가치나 효과를 예측할 수 있는 조건을 만드는 것이다. 클라우드 컴퓨팅은 "전환" 프로젝트를 운영 단계로 만드는 데 발생하는 비용과 위험 요소를 줄여준다. 기존의 온-프레미스 방식의 프로젝트들이 실제 운영되기 전까지는 통상 몇 달에서 몇 년까지 소요되는 반면 클라우드는 몇 분 안에 동일한 조건을 제공할 수 있기 때문에 기업들은 클라우드를 활용해서 새로운 비즈니스 모델을 경쟁자들보다 더 빨리 진행할 수 있는 민첩성을 얻을 수 있는 것이다.

클라우드 컴퓨팅은 "실행"형 프로젝트들의 관리 부담을 줄여주면서 "성장"과 "전환" 단계의 프로젝트들을 추구할 수 있는 유연성을 제공한다. 우리가 지금까지 보아온 현상들은 계속 되겠지만, 앞으로 나올 조사 보고서나 연구 결과들은 클라우드의 가치를 경험해 본 기업들은 "실행" 단계보다 "성장"이나 "전환" 단계에 더 많은 투자를 했다는 점을 확인시켜 줄 거라고 생각한다. 이런 일이 일어날 때, IT의 역할이 비용 부서나 단순한 서비스 제공업체의 역할에서 기업 비즈니스에 부가가치를 제공하는 파트너로 올라설 수 있는 것이다.

큘린 바라드와즈
Group Product Manager, Server & Tools
Microsoft Corporation

TO THE CLOUD

소개

화성에서 클라우드 컴퓨팅으로

미국 항공 우주국(National Aeronautics and Space Administration, NASA)의 화성 탐사선 로버와 인공위성들이 보내오는 정보의 규모는 지금까지의 우주 탐사 역사에서 그 유래를 찾아볼 수 없을 정도로 엄청나다. 미국 항공 우주국의 데이터베이스는 수백만 장의 상세 사진과 매일 전송되는 새로운 사진들을 저장하고 있다.

미국 항공 우주국의 경우에는 이 엄청난 양의 정보가 다른 정부 부처의 우선순위 업무와 우연히도 일치한다. 그 중 하나가 우주 탐사와 관련된 일반 대중의 관심을 끌어들이는 방법을 찾는 일인데, 특히 미래의 우주 탐사 분야에서 앞서기 위해 꼭 필요한 과학, 기술, 엔지니어링, 수학 기술 등을 이끌어갈 젊은이들이 주요 대상이다. 이들의 관심을 유도하기 위한 효과적 방법은 질문할 필요도 없이 화성 탐사선과 인공위성들이 보내온 정보와 데이터들을 웹에 올리는 것이다.

이런 이유로 미국 항공 우주국은 "화성인 되기(Be A Martian)"라는 이름의 웹 사이트를 개설했다. 이 사이트는 "시민 과학자"들을 초대해서 이들이 단순한 게임을 하는 방식으로 화성을 탐색하고 미국 항공 우주국의 데이터베이스에 저장된 엄청난 분량의 사진 이미지들을 분류하는 작업을 돕도록 하는 것을 목적으로 한다. 예를 들어, "화성 매핑하기"라는 작업은 시민 과학자들이 더욱 정확한 화성 지도를 만들 수 있도록 각각의 인공위성들이 같은 지리 좌표에서 보내 온 사진 이미지들을 서로 연결해서 편집할 수 있는 기능을 제공해 주는데, 컴퓨터가 작업한 것보다 훨씬 더 정교하다.

사이트가 개설되고 2주 만에, 시민 과학자들이 2백5십만 장의 사진 이미지를 검토했고 하루 평균 169,000개의 분류 작업을 해냈다. "화성인 되기" 웹 사이트는 큰 성공을 거두었다.[5]

미국 항공 우주국은 어떻게 엄청난 데이터와 많은 수의 방문자들을 관리할 수 있었을까? "'화성인 되기' 프로그램에 지원한 수많은 방문자들이 사이트를 작동 불능으로 만들 수도 있을 텐데?"라는 질문을 누구나 한 번 정도 해볼 것이다. 미국 항공 우주국이 선택한 솔루션은 아주 최신의 방식이었다. 그들은 이 웹 사이트를 클라우드에서 운영하기로 결정한 것이다.

클라우드 플랫폼은 네트워크 트래픽의 엄청난 증가뿐 아니라 대규모의 데이터도 아주 쉽게 처리했다. "화성인 되기" 웹 사이트가 처음 개설되었을 시점에는 10대의 서버로 운영했지만, 개설 후 방문자가 크게 증가하면서 성능 저하 현상이 나타나자 사이트 관리자는 클라우드 서비스를 통해 서버 20대를 바로 추가해 성능 문제를 해결했다. 이때 걸린 시간은 10분도 되지 않았다!

---

5) http://beamartian.jpl.nasa.gov

클라우드 관점의 시간

"전통적 IT 시간" 관점에서 본다면 10분이라는 시간은 – 특히 20대의 새로운 서버를 설치하고 구성하는 작업이라면 – "이미 어제 마무리된 일"과 같은 의미가 된다. 전통적인 IT 조건에서 10분 만에 20대의 서버를 구성하는 것은 불가능한 일이기 때문이다. 어떤 IT 전문가도 – 슈퍼맨이라도 – 10분 안에 새로운 서버 주문서를 작성해서 관리자의 승인을 얻고, 업체로부터 서버를 공급 받고, 박스를 풀어서 하드웨어를 설치하고 각종 소프트웨어와 업무용 애플리케이션을 올려서 작동시킬 수는 없다.

그러나 여러분이 서버를 구매하고 실행시키는 데 단 10분만 필요하다면 주문한 서버가 언제 배달될지 기다리는 대신 무슨 일을 할 수 있을까? 전문 인력 대신 몇 줄의 프로그램 코드를 이용해서 20대의 서버들을 구성할 수 있다면 그 담당 인력들을 어떤 업무에 활용할 수 있을까? 혹은 이 서버들을 직접 구매해서 보유하는 대신에 필요한 시점에 빌릴 수 있다면 그만큼 절약된 예산을 어디에 활용할 수 있을까?

여러분은 새로운 혁신과 변화를 만들어낼 수 있다, 클라우드를 이용해서!

CIO는 단순히 비즈니스를 지원하는 것이 아니라 기업이 혁신할 수 있는 역량을 키우고 비즈니스를 주도할 수 있는 첨단의 솔루션을 구현하는 데 더욱 많은 관심과 노력을 기울이고 있을 것이다. 만약 CIO들이 예산의 제약이나 대부분 오래되고 복잡하기 이를 데 없는 기존 시스템들의 힘든 관리 업무로부터 벗어날 수 있다면, CIO들은 IT 부서를 "비즈니스 수행을 위한 비용 발생 부서"에서 "비즈니스 성장을 위한 엔진"으로 전환시킬 수 있을 것이다. 한마디로 그들은 영웅이 될 수 있을 것이다.

클라우드로의 여정

몇 주 혹은 몇 달씩 걸리는 전형적인 IT 업무를 몇 시간 안에 마무리할 수 있다는 것의 장점은, 클라우드 컴퓨팅에 대한 사람들의 관심을 이끌어내는 아주 매력적인 약속 중 하나다. 2010년에 The Sand Hill Group은 40명의 클라우드 리더들과 500명 이상의 IT 임원들을 대상으로 클라우드의 적용이 실제 가능할지, 그리고 가능하다면 언제, 어떻게 일어날지에 대한 내용을 가지고 인터뷰를 진행했다. 인터뷰 결과는 응답자의 97%가 다양한 종류의 클라우드 경험이 있는 것으로 나타났다. IDC(Interactive Data Corporation) 등의 다른 시장 분석 기관에서 나온 보고서도 클라우드 컴퓨팅의 사용이 계속 증가하고 있음을 보여주고 있다.

상황이 이렇다고 하더라도, 완전히 확신을 가진 사람들은 거의 없다. The Sand Hill 인터뷰 응답자 중 많은 사람들이 클라우드 업체들의 서비스 제공 능력에 대해 의문을 갖고 있었다. 2011년 7월에 발표된 가트너 그룹의 하이퍼 사이클(Hype Cycle) 보고서[6]는 클라우드 컴퓨팅이 "Peak of Inflated Expectation"[7] 단계에 있다고 평가했다. 독자들은 어떻게 하이퍼 사이클과 현실을 구분해낼 수 있는가? 어떤 방법으로 클라우드 업체들의 헷갈리는 서비스 모델과 내용들을 잘 파악할 수 있을까?

일부 애플리케이션의 경우, 마이그레이션 비용이 많이 들고 클라우드 기반 서비스와 도구들이 상대적으로 제대로 준비되지 않은 까닭에 많은 사람들이 클라우드 컴퓨팅의 투자수익(ROI)에 대해 회의적이다.

---

6) 출처: Gartner, Hype Cycle for Cloud Computing, 2011, July 2011.
7) 역자 주: 새로운 기술이나 제품에 대한 시장과 고객의 기대치가 실제 이상으로 부풀어진 단계를 의미

더욱이 클라우드로 이행하는 것은 단지 기술에만 영향을 주는 것이 아니다. 클라우드는 클라우드를 도입하거나 사용함으로써 직·간접적으로 관련되는 사람들에게도 큰 영향을 주고 있다. 엔지니어와 운영 인력들은 지금까지와는 다른 새로운 기술이 필요하게 될 것이고 개발, 품질보증과 릴리즈 프로세스는 계속 진화될 것이다. 일부 사람들은 자신들의 일자리 보장과 관련해서 불안해하고 어떤 사람들은 변화 자체를 그냥 불안해한다. 이들이 가진 불안감은 이들이 클라우드에 대해 가져야 할 궁금증이나 관심보다 훨씬 크다.

클라우드로 언제, 어떻게 이동해야 하는가? 라는 질문들과 씨름을 하고 있는 많은 CIO들을 만나왔다. 이 책을 통해 우리는 클라우드로의 여정이 몇십 년이 걸릴 일도 아니고 클라우드 서비스를 적용하는 것이 "모 아니면 도" 방식의 제안도 아니라는 것을 다시 한 번 확실히 하고자 한다.

이 책의 많은 부분이 Microsoft가 클라우드를 적용하면서 얻은 IT 경험을 토대로 하고 있다. 회사에서 사용하는 대부분의 소프트웨어를 자체 개발한다는 점에서 우리 Microsoft가 조금은 독특한 조직이라는 점을 잘 알고 있다. 가능한 한 우리는 특정 기술보다는 개념에 집중하는 쪽을 선택했고, 도움이 된다는 확신이 드는 경우에만 특정 기술이나 또는 그들 사이의 차이점을 수용했다.

두 개의 회사가 100% 똑같은 프로세스를 따르는 경우는 없다. 기업들은 언제 클라우드 컴퓨팅을 사용할지 혹은 어떤 애플리케이션을 어떤 시점에 클라우드로 이행할 것인지에 대해 동일한 결정을 내리지 않을 것이다. 그러나 우리는 학습 과정, 탐구 대상 영역의 파악 및 클라우드 도입 경험에서 배운 상세 내용들을 공유함으로써 여러분 기업의 클라우드 여정을 안내할 수 있다고 믿는다. 여러분이 이 책의 처음부터 읽어도 좋고, 정리해 놓은 클라우드 적용 프레임워크의 특정 부분부터 읽어도 좋다. 여러분의 판단에 따라 이 책에 정리된 프레임워크의 전체 혹은 일부분만 활용하는 것도 가능하다. 또는 전환과 변화 관리 그리고 시스템 재설계 등의 작업에 사용하던 여러분 기업의 엔터프라이즈 프레임워크와 연계해서 활용하는 것도 가능하다.

탐색하기

클라우드 컴퓨팅은 가장 많이 언급되는 주제 중 하나다. 그러나 정확히 무엇을 의미하고, 어떤 가능성을 가지고 있는가? Chapter 1 "탐색하기"에서 우리는 엔터프라이즈 클라우드 컴퓨팅의 의미를 해석하는 작업을 할 것이다. 그리고 클라우드 컴퓨팅의 효과와 가치를 확보할 수 있는 방법에 대한 논의를 시작할 수 있도록 클라우드가 제시하는 가치에 대해 다루고자 한다.

비전 제시

이제 클라우드로 이행하겠다고 마음을 굳혔는가? 그러나 클라우드 기술들이 언제, 어디에서, 어떤 방법으로 기업의 비즈니스에 가치를 제공할 것인가에 대해 경영진을 포함한 주요 의사 결정권자들을 어떻게 설득할 것인가? Chapter 2 "비전 제시"에서는 독자들이 비즈니스 사례를 개발하고 주요 관련자 및 의사 결정권자들과 공감대를 형성하는 과정에서 활용할 수 있는 실질적인 조언들을 다루고 있다.

구현하기

클라우드를 적용한다는 것은 변화를 의미한다. 어떻게 준비할 것인가? Chapter 3 "구현하기"에서 우리는 어떤 애플리케이션을 가장 먼저 이행해야 하는가, 누가 해야 하는가, 그리고 어떻게 조직을 업그레이드시킬 것인가 등의 내용을 포함하는 다양한 적용 방식의 장단점을 설명한다.

실행하기

Chapter 4 "실행하기"에서는 클라우드 컴퓨팅이 엔터프라이즈 아키텍처, 애플리케이션 및 보안에 영향을 미치는 방법에 대해 설명한다. 또한 개발과 적용, 운영 작업들이 변하는 방법 그리고 클라우드 서비스 모니터링과 재해 복구에 관련한 고려 사항 등을 논의한다. 마지막으로 성공 여부를 측정하고 투자수익(ROI)을 파악하는 방법을 다룬다.

29페이지의 그림과 각 장의 도입부에 등장하는 상세 그림들은 클라우드 적용을 위해 Microsoft가 제안하는 프레임워크다. 이 그림은 이 책에서 논의되고 있는 핵심 개념들을 보여주고 있다.

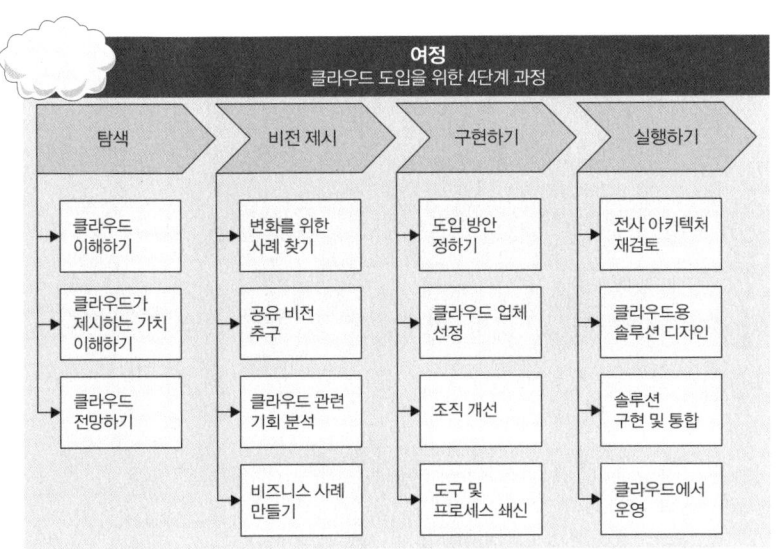

TO THE CLOUD

차례

역자의 글	3
추천의 글	6
머리말	8
감사의 글	12
프롤로그	15
소개	22

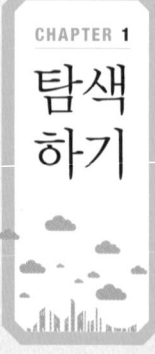

CHAPTER 1 탐색하기

클라우드의 이해 … 35
클라우드 패브릭 • 컴퓨팅 파워 • 데이터 스토리지 • 네트워킹

가치 제안 이해하기 … 47
공급 측면에서의 비용 절감 • 멀티테넌시 규모의 경제성 • 수요 측면의 장점들 • 비용 절감 이상의 가치

클라우드의 전망 … 53
실험과 파일럿 프로젝트 • 미래 클라우드 컴퓨팅의 역량

요약 … 58

CHAPTER 2 비전 제시

변화를 위한 명분 … 64
옛날 기술이 남긴 유산 • 재무적인 제약 사항들 • 운영의 압력

공유 비전의 추구 … 69
경영진의 지원 • 조직적 참여 • 클라우드의 비전 • "클라우드를 통한 기업 주도권"의 강화

클라우드의 기회 분석 … 77
기업의 자산 현황 • 애플리케이션 선정 프로세스 • 세부 분류 • 수요 패턴

비즈니스 사례 만들기 … 90
비용/수익 분석

요약 … 94

CHAPTER 3 구현하기

적용 방법 정의   99
변화의 속도 • 인력 배치 • 팀 구성 • 이행 관리 • 파일럿 프로젝트

클라우드 업체의 선정   108
클라우드 업체의 인증 • 기술 적합성 • 도입 비용 • 보안 및 규제 준수 • 기업의 클라우드 적합도 • 향후 로드맵

조직의 강화   118
클라우드 교육 • 클라우드 통제 • 실무 그룹 • 새로운 역할과 책임 • 개발과 운영의 통합

도구와 프로세스의 개선   127
클라우드 정책 • 재무 프로세스 변경 • 개발 프로세스 변경 • 클라우드 도구들

요약   133

CHAPTER 4 실행하기

엔터프라이즈 아키텍처의 검토   139
인프라스트럭처 아키텍처 • 온-프레미스 최적화 • 클라우드 인프라스트럭처 서비스의 영향 • 하이브리드 생태계 아키텍처

클라우드를 위한 설계 솔루션   147
보안 구현 방법 • 코드 검토 • 공격과 침투 테스트 • 모니터링과 로깅 • 지속적인 정제 작업 • 아키텍처 원칙들 • 복원력 • 무상태 • 병렬 처리 • 응답 지연시간 • 자동 확장 기능

솔루션 구현과 통합   164
애플리케이션 통합 • 사용자 계정 관리 • 온-프레미스와 클라우드의 통합 • 데이터 통합 • 테스트

클라우드 환경에서의 운영   173
지원 • 관리 • 모니터링 • 비즈니스의 연속성과 장애 복구 • 성공의 측정

요약   181

EPILOGUE 신흥 시장과 클라우드

폭발적인 경제 성장   188

기회: 기존 기술 건너뛰기   190
인도: 플랫폼의 각축장

사례 연구   198
사례: redBus.in, 클라우드 버스에 올라타기 • 사례: 인포시스, "클라우드볼루션" • 사례: 인도 국세청, e-Governance • 사례: Microsoft, 윈도우 애저 샌드박스

신흥 시장의 도전 과제   210

요약   212

용어 해설   214

TO THE CLOUD

CHAPTER·1

탐색하기

일부 마케팅 자료들을 보면 단순히 자기들의 제품과 서비스가 인터넷을 통해 제공된다는 이유 하나만으로 "클라우드 서비스를 제공합니다."라고 광고한다. 어떤 마케터들은 웹 호스팅 같은 서비스들을 "클라우드 기반"이라고 부른다. 그리고 어떤 마케터들은 자기 기업의 데이터 센터가 가상화 기술을 사용하고 있기 때문에 자기들은 이미 클라우드에 있다고 주장하기도 한다. 그러나 클라우드가 이런 여러 가지 잘못된 개념이나 과장 광고를 극복하고 무엇인가를 보여주려면 기존 기술(혹은 인터넷 자체) 이상의 무엇이 있다는 것을 보여주어야 한다. 이런 논란들을 잠재우기 위해 자신들이 생각한 모델을 발표하고 있는 많은 분석가들처럼, 우리도 클라우드에는 아직 보여주지 못한 것들이 많다고 믿는다.

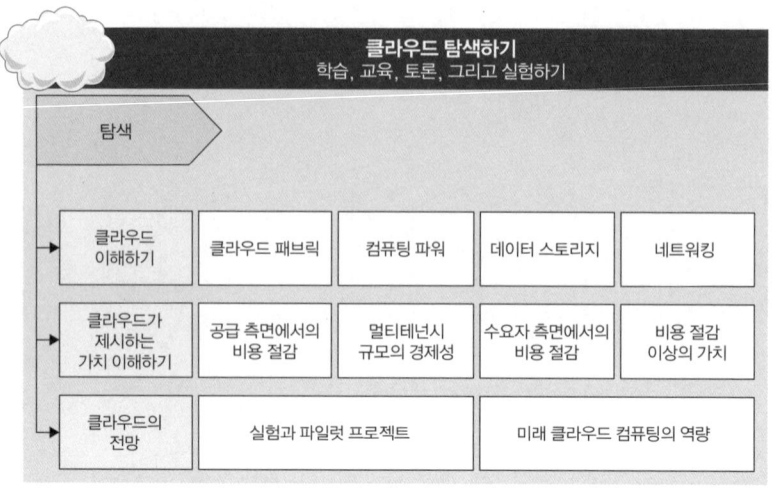

TO THE CLOUD

클라우드의 이해

우리는 미국 표준 기술 연구소(National Institute of Standards and Technology, NIST)가 만든 단순한 정의를 좋아한다. 클라우드 컴퓨팅은 공유된 컴퓨팅 자원들(예: 네트워크, 서버, 저장 공간, 서비스와 애플리케이션)을 언제 어디서나 편리하게 이용할 수 있는 온-디맨드 방식의 네트워크 접근 모델이다. 이 공유 컴퓨팅 자원들은 빠르게 구성할 수 있고 최소한의 관리 노력과 서비스 제공업체와의 상호 작업을 통해 제공 및 사용이 가능하다. 이 클라우드 모델은 컴퓨팅 자원의 가용성을 확대시킬 수 있으며, 다섯 개의 필수적인 특성들과 세 가지의 서비스 모델, 그리고 네 개의 적용 모델로 구성되어 있다[1].

---

[1] Mell, Peter, and Timothy Grance. "The NIST Definition of Cloud Computing (Draft)."
http://csrc.nist.gov/publications/nistpubs/800-145/SP800-145.pdf

미국 기술 표준 연구소(NIST)가 정의한 클라우드 컴퓨팅의 다섯 가지 필수 특성은 "인터넷과 클라우드는 동일하다."라는 주장들을 깰 수 있는 상세 내용들을 제공하고 있다. 단순한 웹 호스팅이나 가상화된 데이터 센터들은 클라우드가 제공하는 복합적인 기능들을 제공하지 못한다.

- **온-디맨드 셀프 서비스** 클라우드 서비스는 저장 공간과 프로세싱 용량 등을 사람의 작업 없이 필요에 따라 늘리거나 줄일 수 있어야 한다.
- **광범위한 네트워크 접근** 휴대전화, 노트북과 다른 장치들이 웹 브라우저 혹은 애플리케이션 같은 클라이언트를 이용해 서비스에 접근할 수 있어야 한다.
- **자원 공유** 고객들은 공유된 컴퓨팅 자원들과 데이터 저장 공간("멀티테넌시"라고 부른다)을 나누어 사용한다. 클라우드 고객들은 데이터가 저장될 장소를 정할 수 있지만(예: 데이터가 저장되는 지역별 위치), 애플리케이션이나 데이터 저장 공간의 정확한 위치는 알 수 없다.
- **빠른 탄력성** 클라우드 서비스가 쓸 수 있는 저장 공간, 네트워크 대역폭과 컴퓨팅 용량은 거의 실시간으로 증가 또는 감소가 가능해야 한다. 이를 통해 솔루션이 가장 최적화된 자원 이용률을 확보할 수 있어야 한다.
- **서비스 측정** 클라우드 시스템은 처리되는 업무와 자원의 이용을 측정할 수 있다. 더불어 쉽고 명확한 방법으로 사용 현황을 모니터링하고 제어, 보고할 수 있어야 한다.

미국 표준 기술 연구소는 각각 다른 수준의 IT 참여도를 요구하는 세 가지의 제공 모델을 정의하고 있다. 자세한 내용은 다음과 같다.

▪ **IaaS(Infrastructure as a Service)** IT 부서는 일반적으로 가상 머신(VM) 위에서 클라이언트/서버 애플리케이션을 실행하기 위해 IaaS를 사용하고 있다. 클라우드 업체는 기업의 IT 관리자들이 더 이상 하드웨어를 구매, 관리, 운영하고 폐기하는 단순 업무에 시간을 낭비하지 않도록 하기 위해 네트워크, 서버와 저장 공간 자원들을 대신 관리해 준다. IT 부서는 운영 체제, 데이터베이스와 애플리케이션을 관리하게 된다. 서비스 제공업체에 따라 IT 부서가 몇 가지 제한된 방식으로 네트워크 컴포넌트들을 구성할 수 있는 경우도 있다. 개발자들은 수요가 급격히 증가하는 컴퓨팅 자원들을 확장하기 위해 애플리케이션 프로그래밍 인터페이스(Application Programming Interface, API)나 웹 포털을 통해 원격으로 구성을 관리할 수 있다. Amazon.com의 주요 상품인 IaaS는 고객이 자체 개발한 가상 머신이나 아마존이 미리 만들어 놓은 가상 머신 라이브러리 중에서 선택해서 커스터마이즈하는 방식으로 이용할 수 있다.

▪ **PaaS(Platform as a Service)** 기업들은 애플리케이션을 개발, 적용, 모니터링하고 유지하기 위해 PaaS를 사용하고 클라우드 업체가 운영 체제와 미들웨어를 포함한 다른 나머지 항목 모두를 관리하게 된다. 개발자들은 IaaS와 같이 원격에서 구성을 관리할 수 있지만, 가상 머신을 직접 만들거나 구성할 필요는 없다. 전반적으로 PaaS는 IaaS보다 낮은 총소유비용(TCO) 효과를 얻을 수 있다. 윈도우 애저는 하부의 가상 머신 위에서 만들어진 웹 롤과 워커 롤이란 이름으로 알려진 확장 단위를 가진 PaaS 상품이다(윈도우 애저는 부가적인 기능들을 제공하는 가상 머신(VM) 역할도 제공한다). PaaS가 일반적으로 IaaS에 비해 유연성이 부족하지만[2], PaaS는 IaaS를 사용하는 경우에 운영 인력들이 수작

---

2) 역자 주: 이 책이 작성되던 시점에는 애저 서비스는 Windows 운영 체제만을 지원했으나 2013년 2월 기준으로 우분투, Redhat 등의 리눅스 운영 체제도 지원하고 있다.

업으로 수행해야 하는 운영 체제 패치 파일 설치 등의 작업들을 자동화할 수 있다. 여러분이 IaaS 대신 PaaS를 선택한다면, 낮은 총소유비용(TCO)을 얻는 대신에 갖고 있던 IT의 일부 제어권을 서비스 제공업체에게 넘겨주는 것이다.

■ SaaS(Software as a Service) SaaS는 가장 익숙한 서비스 제공 모델이라고 할 수 있다. 기업들이 미리 만들어진 클라우드 인프라 환경에서 운영되고 다양한 장치에서 접근할 수 있는 애플리케이션에 등록하고 사용할 수 있는 방식이다. 기업들은 일부의 구성과 데이터 품질 관리 이외에는 거의 책임질 업무가 없다. Microsoft 오피스 365와 세일즈포스닷컴(www.salesforce.com)이 좋은 사례이다.

다음 그림은 세 가지 클라우드 상품과 전통적 IT를 비교해서 각 계층의 관리를 누가 하는가에 대해 설명하고 있다("클라우드의 경제학"[3]에서 발췌).

3) Harms, Rolf, and Michael Yamartino. "The Economics of the Cloud." http://www.microsoft.com/presspass/presskits/cloud/docs/The-Economics-of-the-Cloud.pdf

미국 표준 기술 연구소(NIST)의 클라우드 개념 정의를 보완하는 두 가지 새로운 분류에 대해서 알아보는 것도 의미가 있는 일이다.

- DaaS(Data as a Service) DaaS는 웹 서비스와 Open Data Protocol(OData) 같은 표준 기술을 이용해 애플리케이션이 데이터 추출, 분석, 시각화 작업들을 수행할 수 있는 원본 데이터(예: 인구 통계 데이터)에 접근할 수 있게 해준다. 서비스 제공업체는 데이터 품질을 관리하고, 고객은 합리적인 가격에 온-디맨드 접근을 보장받을 수 있다. 경제적 가치를 가진 데이터를 보유한 기업들은 윈도우 애저 마켓 플레이스인 데이터마켓(DataMarket) 등의 클라우드 플랫폼에 원본 데이터를 호스팅해서 수익을 창출할 수 있다.

- BPaaS(Business Process as a Service) BPaaS는 SaaS 다음 단계의 추상화된 서비스로 정의할 수 있다. 이 서비스는 단일 애플리케이션과 달리 한 비즈니스 프로세스의 전체 혹은 일부를 제공하게 된다. 경우에 따라서는 여러 업체에서 제공하는 복수의 서비스를 같이 연계해서 서비스하는 것도 가능하다. 급여 지급 서비스를 제공하는 ADP와 같은 회사들은 이미 20여 년 이상 BPaaS 서비스를 제공하고 있다. 클라우드가 가진 확장성과 수요 탄력성의 효과를 활용해서 BPaaS가 지속적인 성장을 할 것으로 예상하고 있다. 나아가 한 업체에서 제공한 비즈니스 프로세스의 특정 부분을 다른 업체의 프로세스에 쉽게 접목할 수 있다고 가정해 보자. 지금은 거의 불가능에 가까운 일이지만, 이런 것이 BPaaS가 미래에 제공할 수 있는 신속한 비즈니스 지원 기능이다.

미국 표준 기술 연구소(NIST)에 따르면, 클라우드 컴퓨팅 환경은 다음의 4가지 중 하나의 모델에 속하게 된다.

▪ **퍼블릭 클라우드** 클라우드 서비스를 판매하고 있는 조직들은 일반 대중이나 기업 그리고 업계 전체가 이용할 수 있는 클라우드 인프라를 구축한다. 이 모델은 전 세계를 서비스 제공 지역으로 하며, 콘텐츠 전송 네트워크(Content Delivery Networks, CDN)와 같은 자원 집중도가 높은 서비스와 규모의 경제 효과를 이용한 비용 절감 효과 등을 제공한다. 일부 사설 클라우드와 달리, 퍼블릭 클라우드는 고객이 하드웨어의 구성, 관리, 업그레이드와 교체 작업을 할 필요가 없다. 가격 체계는 고객이 일정 기간 동안 사용하거나 확보한 자원만큼 지불하는 유틸리티 방식[4]이 일반적이지만, 일부 업체는 고정 가격제 방식도 제공한다.

▪ **사설 클라우드** 해당 조직이나 써드 파티 업체가 온-프레미스 혹은 오프-프레미스 방식으로 관리하든지, 사설 클라우드 인프라는 한 기업이나 조직만을 지원한다. 사설 클라우드는 데이터와 정보 보안 이슈들을 가진 기업들을 위한 선택이라고 할 수 있다. 그러나 이 방식은 규모의 경제 효과를 누리기 힘들고 퍼블릭 클라우드에 비교해서 제약(예: 지역별 데이터 센터에 데이터를 복제하는 기능 등)이 많다.

▪ **커뮤니티 클라우드** 공통의 비즈니스 모델과 보안 요구 그리고 법적 규제 이슈 등을 가진 특정 공동체가 클라우드 인프라를 공유하는 방식이다. 새롭게 등장하고 있는 이 모델은 금융권이나 제약 회사들과 같이 공통의 규제나 정책 이슈를 가진 업종의 공동체를 지원하는 데 있어 최적의 방안이 될 수 있다.

▪ **하이브리드 클라우드** 둘 혹은 그 이상의 클라우드(사설, 공동체, 퍼블릭)가 합쳐져서 하나의 하이브리드 클라우드 인프라를 만들 수 있다. 그러나 개별 클라우드 모델들이 가진 고유 속성은 클라우드 간의 데이터와 애플리케이션의

---

4) 역자 주: 전기세, 수도세와 같이 자원을 사용한 만큼 지불하는 방식

이식성을 제공하는 기술들을 활용해서 그대로 유지한다. 클라우드 간의 로드 밸런싱을 위한 클라우드 버스팅[5]이 하이브리드 클라우드 시나리오의 한 가지 사례이다.

클라우드로 이행하게 되면 IT 구조와 관리 방식을 완전히 변화시키게 된다. 이것은 IT도 변모해야 한다는 것을 의미한다. 물리적 환경에서 논리적 환경으로의 근본적인 전환은 그것이 작업 처리를 위한 컴퓨팅 자원이건 혹은 스토리지이건 상관없이 애플리케이션이 운용되는 하드웨어 서버와는 거의 관계가 없다는 개념을 확산시키게 된다. 결과적으로 개발자들이 애플리케이션을 설계하고 개발하는 방법을 바꿔야만 하는 상황이 오고 있다. 아래의 그림은 클라우드 워크로드의 근본적인 특성들과 선택 가능한 항목들을 보여주고 있다.

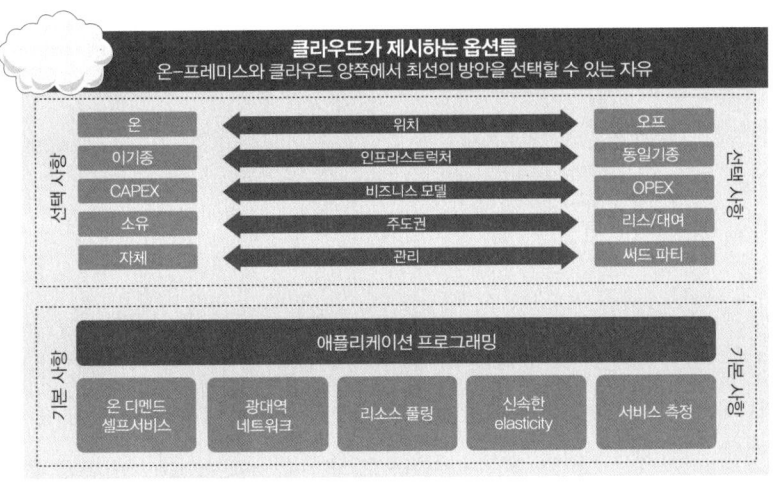

---

5) 역자 주: Cloud Bursting은 사설 클라우드 인프라나 데이터 센터에서 실행 중인 애플리케이션의 사용량이 급증해 더 많은 컴퓨팅 용량이 필요하게 되면 바로 퍼블릭 클라우드로 이행되는 방식을 말함.

클라우드 기술의 구성 요소를 이해하면 여러분의 기업이 준비해야 하는 변화의 항목들을 효과적으로 파악할 수 있다.

클라우드 패브릭

패브릭은 확장성이나 운영비 절감과 같은 클라우드의 효과를 실현해 주는 소프트웨어를 의미한다. 패브릭 컨트롤러는 전통적인 데이터 센터의 서버 관리자가 수행하는 것과 동일한 작업들을 클라우드 플랫폼에 제공하는 역할을 한다. 자원의 구성, 업무 부하의 분산, 서버 관리, 운영 체제 소프트웨어의 패치 설치, 그리고 서비스의 가용성 확인 등의 기능을 수행한다. 클라우드 패브릭이 제공하는 기능들은 모델마다 다르며 제공할 클라우드 서비스별로도 다르다. 예를 들어 IaaS 모델에서의 패브릭은 운영 체제 소프트웨어의 패치 작업이 자동으로 이루어지지 않는다. 43페이지 그림은 패브릭 컨트롤러가 일반적으로 책임지는 작업들에 대한 설명이다.

컴퓨팅 파워

PaaS와 IaaS 모델에서, 기업들은 기본적으로 클라우드 업체들이 낮은 원가로 제작한 하드웨어에서 운영하는 가상 머신을 반드시 임대해야 한다. 가상화로 구성하지 않는 전통적 IT 데이터 센터에서는 서버 자체가 확장의 기본 단위이지만, IaaS라는 논리적 세계에서는 가상 머신이 "확장 단위"가 된다. PaaS 환경에서 개발자는 (가상 머신에 위치하는) PaaS 컴포넌트 중의 하나 혹은 애플리케이션의 추가 인스턴스를 나누는 방식으로 "스케일-아웃"을 구현할 수 있다. 이 인스턴스들은 논리적인 확장 단위이다. 개발자가 많은 수의 프로세서와 메모리 그리고 논리적 스토리지를 가진 확장 단위를 추가해서 "스케일 업" 방식으로 확장하는 것도 가능하지만, 클라우드의 진짜 가치는 "스케일 아웃" 기능과 증가하는 수요에 맞추어서 실시간으로 확장 단위를 추가할 수 있는 데 있다.

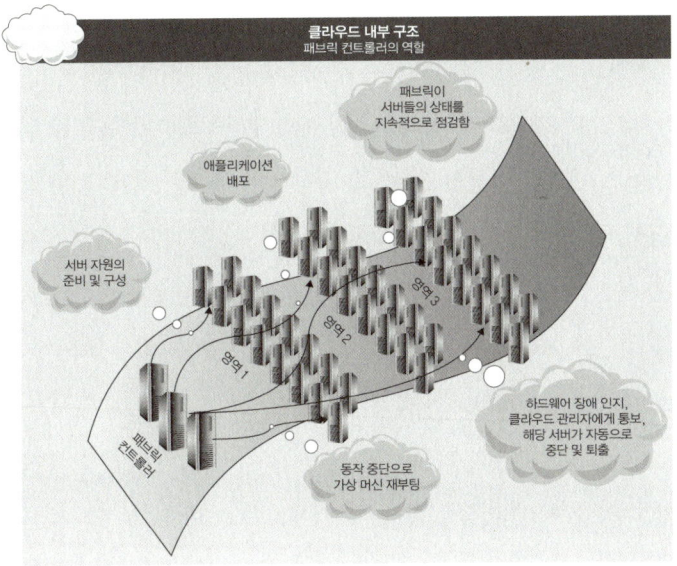

데이터 스토리지

관계형 데이터베이스에 비즈니스 정보를 저장해 놓고 관리하는 전통적인 방식이 조만간 사라질 것 같지는 않다. 하지만 기업이 보유한 모든 데이터를 관계형 데이터베이스에 저장해야 하는지 생각해 보면 반드시 그럴 필요는 없다는 것을 알게 된다. 클라우드 테이블 서비스나 Binary large object(BLOB) 저장 공간 서비스가 클라우드의 관계형 데이터베이스 서비스 – SQL 기술 사용에 대한 추가 비용을 지불해야 하는 경우가 자주 발생함 – 보다 훨씬 저렴하기 때문에 데이터를 이들 서비스로 이행하는 것이 비용 절감에 있어 더 효과적이다. 이 서비스들은 성능과 확장성 측면에서도 더 효과적이다. 아래 내용은 각 서비스들의 장점들을 설명하고 있다.

- **테이블 서비스** 테이블 서비스는 복수의 속성(예: "연락처"라는 항목은 "이름", "주소"라는 속성을 포함하는 경우)을 가진 개별 항목들을 저장한다. 관계형 데이터베이스처럼 테이블끼리 연동할 수는 없지만, 플랫폼 기술과 기반 스키마를 이용해서 대용량 데이터의 저장과 손쉬운 검색을 할 수 있다. 서비스는 데이터를 여러 서버에 분산시키기 때문에 이론적으로 "무제한"에 가까운 데이터 할당 공간(data footprint)을 이용하면서도 검색 속도를 높일 수 있다.

- **BLOB 스토리지** 이미지, 비디오 혹은 문서 파일들을 테이블에 저장하는 대신, 개발자들은 웹 지향 API를 이용해 검색할 수 있도록 이 파일들을 플랫 파일로 저장할 수 있다. 많은 클라우드 업체는 BLOB의 폴더 구성 기능과 같은 최소한 한 계층 이상을 가진 구조를 지원한다. 윈도우 애저 BLOB 서비스 같은 일부 서비스는 콘텐츠 전송 네트워크(CDN)의 복제 기능을 통해 지역적으로 분산된 사용자들의 응답 지연시간을 줄일 수도 있다. 모든 확장 단위가 BLOB에 접근할 수 있고 변경 작업을 지속할 수 있기 때문에, BLOB을 이용하는 것이 중요하다.

만약 데이터가 100% 관계형 데이터베이스 기능만을 필요로 한다면

SQL 서비스를 이용하기 위해 두 가지 방법으로 클라우드를 이용할 수 있다. 첫 번째 방법은, 운영 체제 소프트웨어의 패치와 데이터베이스 소프트웨어가 운영되고 있는 가상 머신의 관리와 유지를 여러분 기업의 IT 관리자가 책임지는 환경에서 SQL데이터베이스를 운영하는 것이다. 두 번째 방법은 SQL 애저 혹은 아마존 관계형 데이터베이스 서비스 등의 클라우드 기반 SQL 서비스를 운영하는 것이다. 사용자들에게 이미 익숙한 데이터베이스 관리용 도구들을 포함해서 온-프레미스 버전의 데이터베이스 제품에서 제공되는 기능들의 대부분이 클라우드 환경에서도 사용 가능하다. 또한 고가용성과 장애 복구 대책은 이 서비스들 안에 기본적으로 구현되어 있는 것이 일반적이다. 클라우드 업체는 장애 대책의 하나로 여러 개의 복제 데이터를 서로 독립적인 서버에 나눠 보관한다.

많은 클라우드 업체들이 특별한 스토리지 요건(예: 윈도우의 NTFS 파일 시스템 혹은 리눅스의 EXT3 같은 파일 시스템 API를 호출하는 해야 하는 경우)을 가진 애플리케이션의 이행 작업을 쉽게 할 수 있도록, 컴퓨팅 인스턴스(반드시 하드 디스크를 필요로 한다)를 위한 가상 하드 드라이브와 같은 추가적인 스토리지 서비스를 제공한다. 일부이기는 하지만, 짧은 시간 동안 스토리지 역할을 해주는 메시지 큐잉과 같은 메시징 서비스를 제공해 주는 클라우드 스토리지 제공 업체도 있다.

네트워킹

클라우드 업체는 대부분 데이터 전송 서비스에 대해 비용을 부과하는데, 필요한 컴퓨팅 용량은 아주 적지만 높은 네트워크 대역폭이 필요한 애플리케이션의 경우에는 큰 영향을 받는다. 클라우드 업체들이 고객에게 제공하는 가격 모델에 연산(컴퓨팅) 서비스 확장 단위의 수, 크기와 형태, 그리고 가능한 네트워크 대역폭의 관계에 대한 명확한 설명을 포함시키고 있지 않기 때문에 고객들이 정확한 비용 규모를 산출하는 것이 어려운 경우가 많다. 이런 이유 때문에 클라우드 업체들 간의 변동 비용을 비교하는 것이 매우 어렵다. 결론적으로 사용자가 네트워크의 응답 지연시간과 애플리케이션의 과다한 내부 트랜잭션으로 인해 발생할 수 있는 추가 비용을 이해하는 것이 중요하다.

　기업들은 언제든지 네트워크 혹은 인터넷 연결 속도가 늦어지는 문제를 경험할 수 있다. 이런 경우, 연결 속도를 증가시키거나 하드웨어(웹 프록시 서버 등)를 업그레이드 하는 것이 유일한 방법이다. Microsoft IT 부서의 측정 결과, 네트워크 트래픽을 소프트웨어로 암호화하는 것도 전송 속도의 응답 지연시간을 높일 수 있다는 사실을 발견했다. 인터넷을 통해 기업 내부의 데이터 트래픽을 퍼블릭 클라우드로 보내야 하는 경우 위에서 언급된 항목들을 같이 검토해야 한다.

TO THE CLOUD

가치 제안
이해하기

　이 책의 독자들은 이미 클라우드 컴퓨팅의 빠른 비즈니스 대응 능력, 탄력성, 그리고 추가 비용의 감소와 같은 장점 때문에 자기 기업에 많은 도움이 될 것이라고 생각했을 것이다. 이제 클라우드가 제공하는 비즈니스 효과와 가치에 대해 알아보도록 하자.

공급 측면에서의 비용 절감

　전기료는 기업 IT 인프라의 총소유비용(TCO) 구조를 논할 때 가장 큰 비중을 차지하는 요소가 되었다. "클라우드 컴퓨팅의 경제학"이란 보고서에서 Microsoft 전략 그룹의 롤프 함스와 마이클 야마르티노는 미국에서 운영되고 있는 대규모 데이터 센터들이 지불하는 전기료는 미국 평균의 1/4 수준이라고 설명하고 있다. 이런 가격적 우위가 가능한 이유는 대규모 데이터 센터들이 대량 구매를 통해 구매 단가를 낮출 수 있었고, 전략적으로 전기료 원가가 낮은 지역에 위치했기 때문이다. 또한 클라우드 업체들은 대량 구매를 통해 하드웨어와 소프트웨어 같은 인프라 구성 요소들 측면에서도 강력한 가격 경쟁력을 확보하고 있다.

규모가 작은 경우라도 클라우드 서비스는 인건비 측면에서 경쟁 우위를 확보할 수 있다. 일반적인 기업의 IT 관리자가 200대 미만의 서버를 관리하는데 반해 대형 데이터 센터의 경우 한 명의 관리자가 수천대의 서버를 관리할 수 있는데, 이런 인력 생산성 및 경쟁력의 원천은 클라우드 패브릭에서 찾을 수 있다.

멀티테넌시 규모의 경제성

퍼블릭 클라우드는 사설 클라우드 환경에는 구현이 어려운 두 가지의 비용 절감 영역을 가지고 있다. 하나는 특정 업종에 국한되지 않고 서비스 제공이 가능하다는 점이고 다른 하나는 사용자 기반이 훨씬 더 넓다는 점이다. 롤프 함스와 야마르티노는 그들이 만든 "클라우드 컴퓨팅의 경제학"이란 보고서에서 "다양한 업종에 서비스가 가능하다는 특성과 서비스 확장성 그리고 멀티테넌시 등의 복합적 효과로 인해" 동일한 서비스를 놓고 평가할 때 퍼블릭 클라우드가 사설 클라우드에 비해 10배 정도 저렴하다고 주장하고 있다. 따라서 많은 사용자를 확보하고 있고 여러 지역에 데이터 센터가 있는 대기업도 자체 데이터 센터를 퍼블릭 클라우드로 이행함으로써 총소유비용(TCO)을 절감할 수 있는 것이다.

퍼블릭 클라우드 업체는 인건비 측면에서의 경쟁 우위와 대규모 사용자 기반의 높은 서버 활용률을 무기로 삼는다. 함스와 야마르티노는 사설 클라우드와 퍼블릭 클라우드에 설치된 오피스 365 서비스의 인건비와 서버 활용률에 따른 비용을 비교하는 작업을 했는데, 퍼블릭 클라우드에서 서비스되는 오피스 365의 고객당 인건비가 훨씬 더 낮다는 사실을 발견했다. 그리고 사설 클라우드와 비교했을 때 퍼블릭 클라우드가 가진 또 다른 장점은 확장성이란 측면에서 제약 사항이 적다는 점이다("거의 무제한"에 가까운 용량을 제공할 수 있는 구조적 장점).

물론 CIO는 기존의 애플리케이션을 클라우드 버전으로 재설계하기 위해 발생하는 비용을 고려해야 하지만(이 항목에 대해서는 Chapter 2에서 논의할 예정이다), 정확한 분석을 통해 가장 비용 효율적인 방향을 도출해야 한다.

수요 측면의 장점들

전통적인 데이터 센터에서는 특정 서비스나 애플리케이션의 최대 사용률 시나리오에 대비해서 하드웨어를 구성해야 하기 때문에, 사용 가능한 용량의 대부분은 아주 짧은 시간만 사용되고 일 년 내내 사용하지 않는 경우가 자주 발생한다. 이런 현상을 해결하기 위해 많은 기업들이 가상화 솔루션을 도입하거나 수요 패턴의 분석과 이를 이용한 자원 활용의 변경 등을 시도하고 있다. 그러나 클라우드 업체는 멀티테넌시 구조를 통해 수요의 변동폭을 원활하게 조절할 수 있기 때문에 어떤 기업의 IT 부서와 비교해도 절대적으로 낮은 총소유비용(TCO) 구조를 만들어낼 수 있다.

다음 도표는 함스와 야마르티노가 정의한 다섯 가지의 사용 변동성과 클라우드 업체가 기업의 IT 부서보다 최적화에 유리한 점을 설명하고 있다.

변동성 이슈	클라우드 최적화
사용 패턴이 불규칙적이다 (변동성이 높다).	서버 풀링 방식을 통해, 변동성의 문제를 최소화할 수 있다.
이메일 등의 업무용 애플리케이션은 피크 타임 예측이 가능하다(하루 기준).	글로벌 기업들은 동일한 서버에서, 다른 지역의 시간대별로 같은 업무 워크로드를 운용할 수 있다. 클라우드 업체는 동일한 서버에서 상호 보완적이면서 사용 패턴이 다른 여러 개의 업무 워크로드를 운용할 수 있다(예: 아침 9~12시에는 이메일 워크로드를 운용하고, 12~13시까지는 화상회의 워크로드를 실행. 또는 같은 워크로드를 시간대별로 다른 사용자 그룹이 사용하게 하는 것이 가능).
업종별 비즈니스 특성이 피크 타임을 유발한다(예: 연말정산 처리나 연말연시 수요가 폭증하는 전자상거래 사이트).	많은 기업들은 작업 부하가 적은 서버들을 재할당하는 방법으로 약 5~40% 정도의 평균 활용률을 높일 수 있다. 한 발 더 나아가, 클라우드 업체는 서로 다른 피크 타임을 가진 여러 업종의 사용자들에게 서비스를 제공하는 방법을 통해 평균 활용률을 더 높이고 있다.
모든 비즈니스 애플리케이션이 똑같은 IT 자원을 사용하거나 동일한 이용률을 갖지는 않는다(예: 이메일은 많은 스토리지를 사용하고 BI 모델링은 데이터 스토리지와 컴퓨팅 기능을 많이 사용한다.).	기업은 데이터 센터의 가상화를 통해 IT 관리자가 자원의 이용과 균형을 손쉽게 조절할 수 있지만, 클라우드 업체는 자신들이 보유한 많은 수의 업무 워크로드 프로파일을 이용해 컴퓨팅 기능, 스토리지 그리고 네트워크 대역폭 자원들의 균형된 활용을 보장할 수 있다.
기업 IT 부서의 가장 오래되고 반복되는 골칫거리는 "어떻게 IT 자원을 적절히 구매하고 수요 증가를 예상하는가" 하는 문제다.	기업은 데이터 센터의 가상화를 통해 활용도가 낮은 서버들로 업무 워크로드를 분산함으로써 서버 활용도를 높일 수 있다. 클라우드 서비스는 더 많은 사용자를 지원하기 때문에 자신들이 보유하고 있는 많은 가용한 자원들에 더 많은 수요들을 분산시킬 수 있다.

비용 절감 이상의 가치

클라우드는 IT 인프라와 관리 비용을 줄여줄 뿐만 아니라, 거의 실시간으로 확장이 가능한 고성능 컴퓨팅(HPC)을 바로 사용할 수 있게 해준다. 클라우드는 다양한 장치를 사용하는 소비자들이 전 세계 어디에서나 특정 애플리케이션을 활용할 수 있는 환경을 제공하고 있다. 이런 현상은 에필로그에서 논의한 것처럼 빠른 경제 성장을 하고 있는 신흥개발도상국들에서 쉽게 확인할 수 있다.

도표는 애플리케이션을 클라우드로 전환할 때 얻을 수 있는 가치들을 설명하고 있다.

변화	효과
필요 자원의 감소	클라우드 업체가 IT 업무의 대부분을 관리(자동화)해주기 때문에 기업은 더 적은 자원으로 일상적 운영 업무들을 수행할 수 있다. SaaS는 PaaS보다 더 적은, PaaS는 IaaS보다 더 적은 자원을 필요로 한다.
비용 투명성	전통적으로 활용도가 높지 않은 서버들과 관련된 낭비 요소들을 측정한다는 것은 아주 어려운 일이다. 클라우드 서비스의 사용량 기반 가격 정책은 (전통적으로 사용된 IT 비용 예측 방법이나 특정 방법을 이용해서 비용을 산출하던 방식에 비교해서) 실제로 발생하는 IT 비용의 추적과 관리를 아주 용이하게 만들었다.
가용성 확대	클라우드의 서비스 수준 협약(Service Level Agreement, SLA) 내용에 자주 등장하는 것처럼, 대부분의 클라우드 업체에게 고가용성은 가장 기본적인 항목으로 자리잡고 있다. 클라우드 업체는 고객의 업무에 전혀 영향을 주지 않으면서 클라우드 환경에서 실행되고 있는 호스트 서버(IaaS 혹은 PaaS의 경우)나 고객의 애플리케이션이 호스팅되고 있는 가상 머신에 패치 작업을 진행할 수 있다.
접근성과 상호 연결 능력의 증대	클라우드에서는 플랫폼, 파트너, 장치 간의 상호 연결 능력을 가진 중앙 집중식 애플리케이션 안에서 지역적으로 분산된 컴포넌트를 쉽게 적용할 수 있기 때문에, 기업들이 원하는 진정한 글로벌 플랫폼을 만들 수 있다.

빠른 시장 대응	전통적 IT 모델과는 달리, 하드웨어를 구성하는 작업에 불과 몇 분에서 몇 시간밖에 걸리지 않는다. 클라우드는 거의 실시간으로 확장이 가능하기 때문에 서버 시스템이 한가한 시간대를 골라서 한꺼번에 배치 작업을 돌리던 예전의 방식은 더 이상 필요하지 않다. 따라서, 실시간 데이터 전송과 병렬 방식(지금까지는 한정된 컴퓨팅 자원 때문에 순차적으로 처리)으로 워크로드를 처리하는 것이 일반화될 것으로 예상된다. 개발자들도 가용한 서버 용량 확보같은 반복적이고 기술적인 문제들을 처리하기 위해 필요했던 시스템들을 더 이상 만들지 않아도 된다.
자본 비용의 감소	클라우드 컴퓨팅으로 전환하면 하드웨어 "구매"가 "임대"로 바뀌기 때문에 IT 비용 구조도 자본 비용(CAPEX)에서 운용 비용(OPEX)으로 전환될 것이다. 기업의 예산 계획과 대차대조표에 자리를 차지하고 있으면서 세부 내용도 파악하기 힘들었던 커다란 자본 비용 항목들이 앞으로는 예상 가능하고 통제 가능한 현금 지출로 대체될 것이다.
반복적인 역량의 증대	인스턴스를 쉽고 빠르게 구성하고 업무에 배치할 수 있기 때문에, 개발자들은 반복적인 개발 패턴, 빠른 프로토타입 작성, 초기 사용자 수용 테스트(User Acceptance Testing, UAT), 그리고 기타 혁신적인 개발 형태 및 워터폴 방식의 방법론들을 선호한다. 물론 민첩성이 증가했다고 해서 개발팀이 적절한 테스트의 진행과 프로젝트 관리를 수행해야 하는 책임에서 벗어났다는 것은 아니다. 개발팀들은 항상 개발 방법론은 준수해야 하는데, 클라우드 환경에서는 신속한 개발 방법과 패턴의 적용이 용이하다.
다른 가치의 생성	클라우드는 생태계의 단순화, 표준화 그리고 중앙 집중화를 촉진할 수 있다. 이렇게 만들어진 생태계는 지금까지보다 더 큰 변화를 가능하게 해주는 원동력이 된다. 예를 들어, 하나의 공유된 서비스를 만들고 이 서비스를 중심으로 개발과 운영 및 관리 서비스가 통합되어 수천에서 수만 명의 사용자에게 제공되는 방식을 생각해 보면 클라우드의 강점을 파악할 수 있다.
우수 인력의 확보와 유지	IT 부서의 핵심 업무를 인프라 유지와 운영에서 비즈니스 가치를 만드는 쪽으로 전환함으로써, IT 부서는 가치 있고 혁신적인 업무를 추구하는 우수한 인력들을 확보하고 유지하기가 용이해진다.
"무제한" 컴퓨팅	기업이 사용할 수 있는 네트워크 대역폭 같은 실제적 제약 사항들은 앞으로도 상당 기간 존재하겠지만, 퍼블릭 클라우드 환경에서는 사용자가 추가적으로 이용할 수 있는 가용 자원이 항상 준비되어 있기 때문에 마치 무제한의 자원을 가진 것처럼 느껴진다.

TO THE CLOUD

클라우드의 전망

모든 기업들을 대상으로 클라우드 서비스와 컨설팅 제공을 실시한다는 것은 말은 쉬워도 실제로는 불가능에 가까운 일이다. 이번 장에서는 기업에게 적합한 클라우드 업체를 선정하는 방법에 대한 가이드를 제공할 것이다. 클라우드 컴퓨팅에 발을 들여 놓았으니 여러분의 기업에 가장 알맞은 클라우드 업체를 골라내는 것이 필요하다. 적합한 클라우드 업체를 선택하는 한 가지 방법은 우선순위가 높은 후보 애플리케이션을 선정해서 클라우드 환경에서 시도해 보는 것이다. 클라우드 업체들이 제공하는, 사용하는 만큼 지불하는 유틸리티 방식의 비용 체계는 비용 발생을 비교적 낮은 수준에서 통제할 수 있다는 장점이 있다.

실험과 파일럿 프로젝트

넷플릭스와 Microsoft가 성공적으로 수행한 것처럼, 개발자들이 비즈니스 문제들을 풀기 위한 도구로 클라우드 서비스를 이용하게 하는 것도 고려해볼 만하다. 넷플릭스는 회사의 전체 웹 사이트와 다른 서비스들을 클라우드로 이행하기 위해 부트 캠프 접근 방식을 사용했다. 넷플릭스는 소프트웨어 개발자들을 별도의 공간에 분리시킨 다음에 그들이 수행해야 하는 업무 목표를 부여하고, 업무에 필요한 개발 도구와 클라우드 서비스를 제공해 주었다. 소프트웨어 개발 그룹은 불과 이틀도 지나기 전에 실제 업무에 적용할 수 있는 기본 모델을 하나 만들어냈고, 새로운 서비스가 실제 제공되기 전에 해결해야 될 개발 도구와 관련된 문제점과 오류들을 파악해냈다.

Microsoft IT 부서도 윈도우 애저와 SQL 애저를 무료로 사용할 수 있는 윈도우 애저 샌드박스라는 내부 프로그램을 직원들과 인턴들에게 제공했다. 개발자들은 클라우드 기반 애플리케이션의 기본 모델이나 개념 검증 작업(Proof of Concept, PoC)을 수행하기 위해 샌드박스를 이용했다. 개발자들이 여유 시간을 활용해서 만든 아이디어들이 다음 단계의 혁신적인 IT 애플리케이션을 만드는 데 큰 기여를 할 수도 있다.

샌드박스를 이용해서 개발자들 간의 협업을 강화하려던 시도는 비교적 적은 시간과 돈을 투자해서 비즈니스 문제를 해결할 수 있는 좋은 솔루션을 만들어내는 결과를 가져왔다. 윈도우 애저 샌드박스에 참여하고 있던 개발자들이 개념 검증 작업용 애플리케이션에 대한 의견을 거의 실시간으로 요청하고 수렴된 의견을 바로 반영한 애플리케이션을 제공하자, 다른 직원들도 클라우드 기술을 통해 만들어낼 수 있는 가치와 결과에 대해 관심을 갖기 시작했다. 샌드박스에 대한 상세한 내용 소개는 에필로그에 담겨 있다.

미래 클라우드 컴퓨팅의 역량

클라우드 컴퓨팅이 빠르게 발전함에 따라 여러분의 기업이 클라우드 이행 계획을 만들 때 클라우드의 미래 전망이나 모습을 같이 그려보는 것은 매우 중요한 작업이다. 클라우드 기술들은 계속 진화할 것이고 많은 클라우드 업체들이 선의의 경쟁을 벌이고 있으므로, 이런 상황들이 여러분의 기업이 애써 수립해 놓은 클라우드 도입 계획이나 로드맵을 수정하게 만들 수 있기 때문이다.

보다 많은 기업들이 개념 검증 작업이나 파일럿 프로젝트 수준 이상의 클라우드 서비스를 적용하고 있기 때문에, 클라우드의 구현과 적용에 대한 신뢰도 점점 커지고 있다. 또한 서비스 수준 협약(SLA)과 보안 표준 및 규제 준수 등을 포함한 클라우드 표준들도 계속 개선되고 성숙될 것으로 예상된다.

클라우드 업체들은 이미 자원의 할당과 구성, 확장 기능과 자체 복구 등을 자동화해왔다. 우리는 비즈니스의 연속성과 장애 복구(Business Continuity and Disaster Recovery, BCDR) 그리고 백업 서비스를 통합한, 이른바 "통합 서비스(Finished services)"라고 부르는 통합 솔루션이 곧 서비스될 것으로 예상하고 있다. 캐싱과 사용자 인증 관리 등의 서비스는 개발자들의 애플리케이션 개발 노력을 줄여주게 될 것으로 본다. 또한 클라우드 업체들은 프로그램 언어, SQL 기술 및 운영 체제 소프트웨어의 안정적 서비스를 위해 새로운 서비스들을 제공할 것이다.

아직까지 많은 클라우드 업체들은 기업 고객들이 원하고 있는 세분화된 수준의 모니터링이나 자원 관리 기능 대신 전체적인 관점의 모니터링과 자원 관리만 가능한 수준의 서비스를 제공하고 있다. 따라서 클라우드 서비스 사용의 지속적 증가는 지금 수준보다 발전된 "통합 서비스"와 관리 도구, 그리고 모니터링 기능의 개발을 촉진할 것이다. 클라우드 업체들이 위에서 언급한 영역들에 많은 투자를 할 것이고, 이를 통해 IT 운영 인력들이 단순히 "서버들이 잘 작동하고 있습니다!"라고 보고하는 단순한 수준이 아니라 기업이나 조직의 비즈니스 목표 및 주요 평가 요소와 연계된 세부 항목들을 정의하고 관리하는 수준으로 발전해 나갈 것으로 기대하고 있다.

클라우드 컴퓨팅은 워크로드에 대한 접근 방법을 근본적으로 변화시킬 것이다. 온-프레미스 워크로드를 클라우드 환경에서 수행하거나 분산시킬 수 있게 하는 기능인 클라우드 버스팅은 특정 서비스와 그 서비스가 작동하는 환경의 의존성을 계속 약화시키고 있다. 클라우드 플랫폼의 기능적 성숙도가 가까운 미래에 온-프레미스 수준과 똑같아지지는 못하겠지만, 이식성과 통합 능력은 점점 더 좋아질 것이고 더 나아가서는 "하나의 개발 소스"를 가지고 온-프레미스와 클라우드 모두에서 실행하는 것이 가능해질 것이다.

클라우드 서비스 업체와 컨설턴트와 시스템 통합 업체가 수년간에 걸쳐서 만들어낼 생태계들의 등장도 예상된다. 새로운 SaaS 서비스들과 클라우드를 기반으로 한 신생 기업들의 등장도 증가할 것이다. 그렇지만 결국은 아주 소수의 클라우드 업체만이 살아남아 대부분의 기업들에게 서비스를 제공하는 시장이 형성될 것이다.

　마지막으로 클라우드 컴퓨팅은 그린 IT라는 관점에서도 점점 더 중요한 역할을 할 것이다. 그래서 클라우드 업체들이 낮은 비용으로 전력을 공급받을 수 있고 자원의 재활용이 쉬운 지역에 데이터 센터를 구축하고 있는 것은 현명한 선택이라고 할 수 있다. 에너지와 원자재의 가격이 상승하면 높은 효율성을 가진 이런 데이터 센터들이 더 많이 이용될 것이기 때문에 전반적인 에너지 소비와 비용은 감소할 것이다.

Summary 요약

○ 미국 표준 기술 연구소에 의하면, 클라우드 컴퓨팅의 다섯 가지 필수적인 특성은 온-디맨드 셀프-서비스, 광범위한 네트워크 접근 허용, 공유 자원 방식(Resource Pooling), 수요에 대한 빠른 탄력성 그리고 서비스 측정 기능 등이다.

○ 클라우드 컴퓨팅은 세 가지 서비스 모델을 가지고 있다. IT 부서가 운영 체제, 데이터베이스와 애플리케이션을 직접 관리하는 IaaS 모델, 클라우드 업체가 운영 체제와 미들웨어 관리를 수행하는 PaaS 모델, 마지막으로 미리 만들어진 애플리케이션 패키지를 제공하는 SaaS 모델이다.

○ 새롭게 등장하고 있는 두 가지의 클라우드 서비스가 있다. 하나는 원본 데이터에 대한 접근과 활용을 가능케 해주는 DaaS이고, 다른 하나는 한 프로세스의 전체 혹은 일부분을 제공할 수 있는 BPaaS이다. BPaaS는 여러 업체에서 제공하는 복수의 서비스를 함께 연계해서 서비스하는 것도 가능하다.

○ 클라우드 컴퓨팅 환경은 네 가지 모델로 구분 가능하다. 첫 번째는 한 조직에만 서비스를 제공하는 사설 클라우드, 두 번째는 전 세계적인 서비스가 가능하고 일반 소비자와 다양한 산업계 지원을 통한 규모의 경제를 달성하고 이를 통해서 비용 구조를 낮춘 퍼블릭 클라우드다. 세 번째는 데이터와 애플리케이션의 이식성을 보장하는 기술들을 통해 연계된 하이브리드 클라우드이다. 마지막 네 번째 모델은 커뮤니티 클라우드이다.

- 클라우드 기술의 주요 구성 요소의 첫 번째는 자원 할당 및 구성, 작업 부하 분산, 서버 관리 그리고 클라우드 서비스의 가용성을 보장해 주는 클라우드 패브릭이고, 두 번째는 사용자의 수요 증감에 빠르게 대응할 수 있는 "스케일-아웃" 기능을 가진 가상 머신으로 구성된 컴퓨팅 능력이고, 세 번째는 테이블 서비스, BLOB 스토리지와 SQL 서비스를 통해 이용 가능한 데이터 스토리지 서비스이고, 마지막은 네트워킹이다.

- 클라우드의 비즈니스 가치는 대량 구매를 통한 전력, 하드웨어, 소프트웨어 라이선스 비용의 절감, 규모의 경제를 가능케 해주는 멀티테넌시, 높은 서버 활용도, 자원 낭비 최소화와 시장과 고객에 대한 빠른 대응 그리고 자본 비용 지출을 줄일 수 있다는 점이다. 가용성과 확장성 그리고 개발의 유연성도 클라우드가 제공하는 가치이다.

- 클라우드 도입을 고려하는 기업이나 조직은 최적의 클라우드 업체를 선정하기 위해 개발자들을 위한 개념 검증 작업(PoC) 등의 사전 테스트나 확인 작업을 수행하는 것이 좋다.

- 클라우드 이행 계획을 수립할 때에는 클라우드 업체들의 미래 전략이나 로드맵을 분석해 보는 것이 중요하다. 클라우드 업체들은 여러분의 기업이 힘들여 만든 이행 계획을 쓸모없게 만들 수 있는 새로운 기능이나 서비스들을 계속 내놓을 것이기 때문이다.

TO THE CLOUD

CHAPTER · 2

비전 제시

클라우드를 도입하는 목표가 비용이나 조직의 혁신 강화 중 어느 쪽이건 간에 현재의 상태를 미래의 이상적인 상태로 이전하기 위한 명확한 경로를 만들고 현재와 미래를 연계하는 작업이 필요하다.

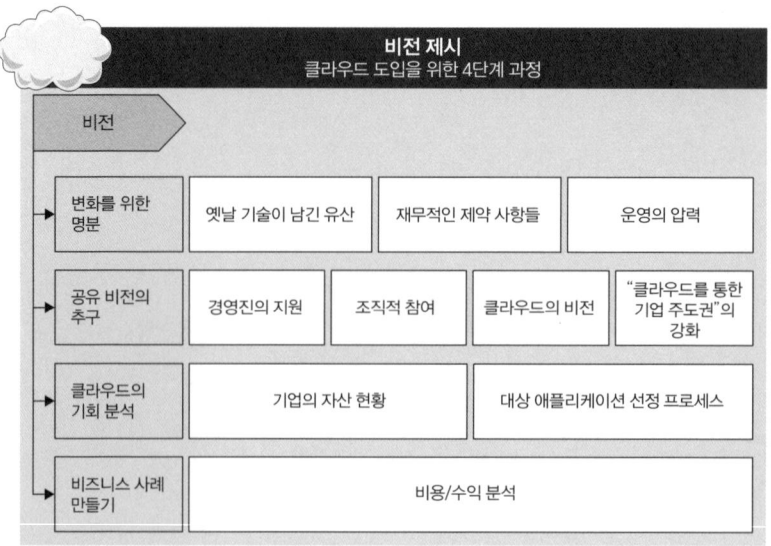

여러분은 조직의 임원 혹은 특정 분야의 전문가로서, 회사의 전반적인 비즈니스 건강 상태를 유지하고 기업이 계속적으로 진화하기 위해서 반드시 필요한 항목들을 잘 알고 있을 것이다. 그러면 IT에 반드시 필요한 항목은 무엇인가?

- 실시간 데이터가 점점 더 중요해지는가? 일반 소비자가 신뢰하는 한 유명인이 여러분 회사의 제품을 인터넷이나 트위터에 좋게 평가해서 갑자기 수요가 증가하는 경우를 생각해 보자. 아마도 이런 경우, 가장 중요한 부분은 여러분 회사의 공급망이 제대로 작동하는가일 것이다. 그런데 회사의 공급망이 이런

수요 폭발에 아무런 대응도 할 수 없다면? 아마도 이런 상황을 경험하고 싶은 사람은 아무도 없을 것이다. 이제 실시간 데이터는 자연재해 같은 위기 상황에서도 필수적인 요소로 작용하고 있다는 것이 명확해지고 있다.

▪ 회사의 임직원들이 점점 더 많이 모바일 환경을 필요로 하는가? 만약 그렇다면 직원들에게 외부에서 회사 내부의 자원들에 접근할 수 있는 환경과 방안들이 제공돼야 하고 과거에 지원했던 것보다 더 다양한 장치들이 지원되어야 한다. 특히, 직원들이 많이 요구하는 스마트 폰, 태블릿 같은 기기와 집에서 사용하는 컴퓨터 등에 대해서는 우선적으로 지원되어야 한다.

▪ 지속성이 중요한 업무 목표인가? 그린 IT는 단순히 사회적 이슈가 되는 일회성 개념이 아니다. 그린 IT는 돈으로 이해되어야 한다. 비용 절감을 위해 전력 소비를 줄여야 하거나 제한적인 전력 공급만이 가능한 물리적 환경(신흥 시장에서 흔히 볼 수 있는)에서 작업을 수행해야 하는 경우에는 그린 IT가 경제적 가치와 타당성을 부여한다.

▪ 여러분의 기업은 셀프-서비스 IT 모델로 가고 있는가? 소프트웨어 자동화가 확산되면 직원들은 지금까지와 달리 IT 부서에 의존하지 않고 자기가 필요한 IT 관련 업무를 스스로 처리할 수 있게 된다. 한 예로 비즈니스 인텔리전스 영역에서는 임직원들이 IT 부서에 요청하지 않고 기업의 업무 데이터에 접근해서 필요한 보고서를 직접 뽑아내는 "셀프-서비스 포털" 방식이 빠르게 확산되고 있다. 이제 IT 부서에 보고서를 요청해 놓고 며칠씩 기다리는 일은 과거의 추억이 되고 있다.

TO THE CLOUD

변화를 위한 명분

　CIO는 정원사와 같다. CIO들은 깊게 서로 뒤엉킨 뿌리들로 연계된 나무와 덤불 그리고 풀들을 전임자로부터 상속받아서 관리하게 된다. 계획 없이 대충 뿌려 놓은 씨앗들은 전혀 예상치도 않은 장소에서 자라나게 된다. 정원을 유지하는 작업은 쉴 틈이 없고 대부분의 시간과 에너지를 소모하는 작업이다.

　정원의 공간은 제한되어 있고 묘목장에는 예쁜 꽃들과 나무들도 많지만, 새로운 것들을 옮겨심기 위해 오래된 나무들을 뽑아내는 것은 돈도 많이 들고 귀찮은 행정 업무도 많이 뒤따른다(예를 들어 오래된 나무를 뽑아내기 위해 이웃의 동의를 얻어야 하는 일 등)[1]. 더 나아가 정서적인 문제도 생

---

1) 역자 주: 미국이나 캐나다에서는 자기 집의 나무를 없애는 경우에도 이웃집의 동의를 얻어야 한다.

길 수 있다(만약 아주 예쁜 새가 당신이 베어버리고 싶은 나무에 둥지를 틀었다면, 그 생각 자체를 포기할 수도 있다).

IT 복잡도는 보안 문제를 야기하고 많은 비용을 발생시키며 기업의 혁신을 위해 사용해야 할 자원들을 낭비하게 하는 주요 원인이다. 여러분이 해결해야 하는 현재의 문제점들을 정확히 이해하면 어떻게 클라우드를 이용해서 문제를 해결할지 그리고 가장 필요한 서비스와 기능이 무엇인지 알 수 있다.

옛날 기술이 남긴 유산

IT 환경을 일부러 복잡하게 만들려고 의도한 사람은 아무도 없지만, 시간이 지나면서 수많은 플랫폼, 하드웨어, 옛날 소프트웨어와 여러 개의 공급 업체 그리고 이들 업체와 연계된 개별적 운영 절차와 호환성이 떨어지는 아키텍처 등 "스파게티"처럼 뒤죽박죽 얽힌 IT 환경과 사투를 벌여야 하는 것이 IT 부서들의 현실이다. 하드웨어와 소프트웨어 두 분야에서의 일관성 없는 구성이 계속 확산될 수 있었던 이유는 IT 환경을 효율적으로 통제할 수 있는 정책이나 규정이 없었기 때문이다. 정책과 규제가 있어도 실행에 옮기는 것이 어려웠던 것도 원인으로 볼 수 있다. 그리고 IT 시스템을 구성했거나 애플리케이션 코드를 개발했던 직원들이 대부분 회사를 떠난 상태이기 때문에 이렇게 뒤엉킨 IT 시스템을 되돌리는 작업은 아주 어려울 수밖에 없다.

오래된 시스템일수록 커스터마이징도 많이 되고 폐쇄적인 경우가 많다. 그리고 이 시스템들이 중요한 비즈니스 프로세스와 데이터를 직접 관리하도록 설계된 경우가 종종 있다. 이 시스템들을 사용하는 기업들은 시스템의 유지·보수나 다른 시스템과의 연계가 힘들어도 버리지 못하고 그 시스템에 계속 발목을 잡히게 된다. 특히, 대체 방안을 도입하기 위해 필요한 하드웨어, 소프트웨어 개발과 데이터 이전 그리고 교육 및 훈련 등의 비용이 높은 경우에는 더욱 더 기존 시스템에서 벗어나기 어렵다.

기존 솔루션들은 기업의 업무 요구를 충족시키거나 문제를 해결하기 위해 도입되었기 때문에, 이 솔루션들에 의존해 온 기업들은 예전 문제가 다시 발생하거나 현업 부서의 업무 요구가 해결되지 않고 지속되는 상황을 만들고 싶어 하지 않는다. "완전히 망가진 것이 아니라면 고치지 마라"라는 속담과 같이 기업들은 이러지도 저러지도 못하는 난감한 상황에 처해 있는 것이다. 이런 이유로 인해, 한 번 도입된 애플리케이션은 예상보다 더 오래 사용되고 초기 예상보다 더 많은 사용자와 기능들이 추가되고 다른 시스템과의 연계 포인트를 가진, 도입 시점에는 전혀 예상하지 못한 시스템이 되기도 한다.

재무적인 제약 사항들

비즈니스 성장을 가능케 하거나 경쟁력을 높여주는 IT 사례들이 많기는 하지만, CEO들은 아직도 IT 부서를 비용 부서나 단순한 서비스 공급자 정도로만 인식하는 경우가 많다. 그래서 CEO들은 매년 IT 비용은 줄이고 효율성은 증가시키기를 바라고 있다. IT 비용에 대한 압력은 새로운 개발 프로젝트 진행과 기존 시스템의 업그레이드를 어렵게 만들 뿐만 아니라 실제로는 더 많은 IT 비용과 시간을 낭비하게 만드는 위험 회피 시도 현상을 증가시키는 상황을 만들 수도 있다.

비용을 최우선시하는 기업 문화에서는 IT 부서가 아주 일찍이 프로젝트를 기획하고 비용 지출의 우선순위를 정하도록 규정하고 있다. 오늘날 Microsoft를 비롯한 많은 기업들은 하드웨어(서버, 스토리지와 네트워크 장비) 비용을 일정 기간(예: 3년에 분할 처리)에 나누어서 처리하는 방식을 사용하고 있다. 어떤 기업은 일 년 치 감가상각 분을 한 달에 몰아 처리하기도 한다. CFO 입장에서는 일회성이면서 "덩치가 큰" IT 관련 자본 비용을 한번에 처리하기보다는 회사의 예산 주기에 걸쳐 균등 분산하는 방법을 선호한다. 그 때문에 "덩치가 큰" IT 프로젝트들은 예산 편성과 반영에 많은 시간이 필요하고, 프로젝트가 목표 시점이나 필요 시점을 한참 초과해서 완료되기도 한다.

조직은 꼼꼼하게 수립된 계획을 통해 예측 가능하고 통제 가능한 비용 구조를 만들 수 있지만, 예상하지 못한 문제나 상황이 발생하면 이러한 통제가 오히려 걸림돌이 된다.

운영의 압력

아주 정밀하게 운영되는 기업들조차 핵심 사업 이슈를 선점해서 직접적으로 부가 가치를 창출할 수 있는 일을 준비하는 대신 늘 발등의 불을 끄느라 바쁜 경우가 많다. 그런데 문제는 이런 접근 방식으로는 주요한 업무 이슈들을 미리 준비해서 대응하거나 비즈니스의 가치를 높일 수 없다는 것이다. 그 대신 많은 운영 업무들의 목표를 단지 "현상 유지" 수준으로 정하게 된다.

　IT 부서가 하나의 데이터 센터에서 운영할 수 있는 서버 대수의 물리적 제한 혹은 지방 사무소의 낮은 네트워크 대역폭 같은 제약 요소들은 아주 기초적인 IT 업무조차 어렵게 만들 수 있다. 그리고 보안 표준이나 정부가 새로이 공표한 재무 규정 등과 같은 외부 규제와 통제들에 대응해야 하는 상황의 증가는 IT 부서의 업무 진행을 더 어렵게 만들고 있다.

　조직 내의 정치적 관계를 포함한 조직의 경직성은 조직원들의 능동적인 노력을 억누를 수 있다. 이런 기업 문화 때문에 여러 부서들이 주도권을 놓고 서로 싸울 수도 있고, 경쟁 부서들이 협업 시 문제를 일으킬 수도 있다. 훌륭한 아이디어를 현실화시킬 인재나 기술이 없을 수도 있고, 최고의 능력을 가진 인재들은 혁신적인 프로젝트에서 일할 수 없다면 IT 부서에 남지 않으려고 할 수도 있다.

TO THE CLOUD

공유 비전의 추구

여러분들은 이 책에 언급된 것보다 훨씬 더 많은 IT 제약 사항들을 알고 있을 것이다. 여러분이 해야 할 다음 작업은 기업을 얽매고 있는 제약 사항들을 클라우드의 주요 기능들과 매핑하는 것이다. 고객 관계 관리를 위해 Microsoft의 온라인 다이나믹스 CRM을 사용하거나 윈도우 애저를 사용해 자체 개발한 몇 개의 애플리케이션을 호스팅하는 등의 방식으로 기업 애플리케이션 포트폴리오에 있는 것 중 일부만을 클라우드로 이전할 수도 있고, 직원뿐만 아니라 전략적 사업 파트너가 더 쉽게 회사 IT 환경에 접근할 수 있도록 생태계 전체를 클라우드로 이전하는 것도 가능하다.

효과적으로 진행하기 위해서는 여러분 기업이 운영 중인 애플리케이션 현황을 분석한 문서와 클라우드 적용을 위한 업무 사례의 확보가 필요하다. 또한 클라우드 컴퓨팅 도입 시 필요한 교육 및 훈련, 필요한 자원과 조직적 변경 이슈 등을 이해해야 한다(Chapter 3에서 논의한다).

경영진의 지원

클라우드 이전에 따른 영향은 조직 전반에 미치기 때문에, 경영진과 사업부들의 적극적인 참여가 필요하다. 뭔가 불확실한 상태가 확산되거나 파괴적이라고 느낄 정도의 혁신적 변화를 싫어하는 임원들이나 한정된 자원을 놓고 경쟁해야 하는 사람들은 클라우드로의 이전에 반대하는 경우가 많다. 클라우드로의 이전이 그들에게 어떤 가치를 제공할지 설득할 수 없다면, 일의 진행이 아주 어려워질 것이다.

IT 부서가 지원하고 있는 현업부서의 주요 이해 관계자들과 클라우드의 가능성을 논의하게 된다면 아래의 이슈들을 미리 고려하기 바란다.

- **초기 도입자** 이해 관계자 중 누가 클라우드로의 이전을 가장 좋아하고 누가 가장 싫어하는가? 임원진을 대상으로 광범위하게 여러분의 입장을 대신해 줄 사람이 이해 관계자 중에 한 두 명이라도 있는가? 그들이 클라우드 이전의 성공 사례로 만들 수 있는 애플리케이션을 제공할 수 있는가?

- **예산 지원** 클라우드 이전을 위한 예산을 어디에서 얻을 것인가? CFO에게서 직접 필요 예산을 배정받을 수 있는가? 아니면 현업부서가 IT 업무 예산을 직접 지원하는가? 경영진이 네트워크 인프라 업그레이드 같이 클라우드 이전에 필요한 전반적인 IT 항목들에 투자를 할 것인가?

■ **애플리케이션** 이해 관계자들이 특정 애플리케이션을 확장하거나 교체/폐기할 준비가 되었는가? 클라우드로 이전할 애플리케이션에 적용될 변경 사항들을 다른 현업 부서들이 운용하는 유사한 애플리케이션의 요구 사항들과 어떻게 접목할 것인가? 만약 비슷한 기능을 수행하는 서로 다른 두 개의 백업용 유틸리티 프로그램을 사용하고 있다면, 이들을 하나로 통합할 수 있을까?

우리는 "관리를 위한 관리"의 위험성을 잘 알고 있지만, 그래도 기업의 클라우드 이행 과정을 감독하도록 경영진의 적극적인 참여를 이끌어 내는 것이 중요하다. Chapter 3에서 클라우드 위원회 모델에 대해 자세히 알아본다.

조직적 참여

많은 현업 부서나 IT 부서에 클라우드가 제시하는 가치가 분명하다고 해도, 조직 전반에 걸쳐 클라우드가 몰고 올 변화를 수용하게 하는 데는 상당한 노력이 필요하다. 클라우드를 적극 지원하는 CIO들은 다음과 같은 다양한 문제들에 부딪히게 될 것이다.

■ **우선순위** 클라우드 컴퓨팅 확대 또는 애플리케이션 이행을 위해 진행된 작업들은 업무적 기능 추가나 IT 개선이라는 핵심적인 본질에서 벗어나 다른 주제로 변질되는 경향을 띤다. 예를 들어, 어떤 사람들은 직원과 운영비에 대한 선행 투자를 주저하기 때문에 총소유비용(TCO)의 감소, 시장 및 고객 대응 속도 향상 그리고 에너지 소비 절감과 이를 통한 애플리케이션 혁신 등과 같이

클라우드 컴퓨팅이 제공하게 될 장기적 관점의 가치들을 가지고 이들과 논의하는 것이 중요하다.

▪ **신뢰** 이해 관계자들이 클라우드 전략의 신뢰성에 대해 의구심을 가지고 있을 수 있다. 이들은 현재 정상으로 운영되고 있는 서비스들이 불안정해지고 마이그레이션 과정에서 발생 가능한 크고 작은 오류들로 인한 예측하기 어려운 잠재적 사고들에 대해 계속 지적할 것이다. 이해 관계자들은 또한 퍼블릭 클라우드 환경에서의 정보 보안 이슈에 대해서도 민감하게 반응할 것이다. 따라서 새로 시작되는 모든 일들이 그렇듯이, 철저한 사전 실사와 확실한 위험 대비 전략의 준비가 이해 관계자들을 설득하는 열쇠이다.

▪ **의존도** 퍼블릭 클라우드의 경우, 이해 관계자들은 자사의 IT 환경을 제 3자에게 의존한다는 사실을 걱정스러워 한다. 또한 광범위하게 인정되고 적용되는 표준 모델이 아직 없기 때문에 한 업체에 종속될 가능성을 우려하는 이들도 많다. 금융권 기업들에게는 자신들이 보유한 고객 정보를 다른 환경으로 이행하기 위해서 모든 고객들과 접촉해서 동의를 얻어내는 일이 엄청난 부담이다. 사베인-옥슬리(SOX) 법이나 Payment Card Industry(PCI) 데이터 보호 표준 같은 규제와 표준을 준수해야 하는 기업들의 경우에도, 현재의 클라우드 환경에서는 이런 규제와 표준들을 준수하기 어렵다는 것을 알게 된다.

이런 우려 사항들을 공유하고 논의하는 과정을 통해, 기업은 클라우드 도입에 필요한 사전 연습과 준비를 할 수 있다. 이 과정이 기업이 클라우드 비전을 수립하고 분석할 때 중요한 기준점 역할을 하게 된다.

클라우드의 비전

"공식적인 클라우드 정책"을 포함하는 문서화된 클라우드 비전은 조직 내부의 공감대 형성 그리고 조직 내부의 "섀도우 IT" 클라우드 프로젝트를 우선 확보하는 데 집중해야 된다. 당연한 이야기지만, 클라우드 비전을 개발하는 작업은 반복적인 프로세스이다. 이해 관계자들과 클라우드 가치를 증명할 수 있는 프로젝트의 선정 작업을 하는 경우, 여러분의 비전도 재정의할 수 있도록 준비해야 한다.

클라우드 프로젝트를 지원하는 임원 및 현업 부서와의 협의를 통해 우선순위와 기간을 결정해야 한다. 앞에서 이야기한 것처럼 Microsoft IT 부서는 클라우드 비전을 정의하기 위해 경영진과 현업 부서의 주요 이해 관계자들을 인터뷰하는 데 많은 시간과 노력을 투자했고, 이 작업을 진행하면서 클라우드 기획을 위한 허가를 얻어낼 수 있었다.

- **표준화와 꾸준함** 너무나 많은 기업들이 너무나 많은 방법으로 똑같은 문제를 풀기 위해 노력하고 있다. 핵심 플랫폼을 기반으로 통합을 추진하고, 사용 가능한 기능들의 메뉴를 제공하며 이 기능들의 사용 및 활용을 일정 수준 강제해야 한다.

- **복잡도 감소와 장애 대책** 이미 사용할 수 있는 프로세스와 시스템들이 있다면 다른 것을 만들려고 하지 말자. 애플리케이션을 자체 개발해 사용하기 보다는 가능하다면 시장에 소개된 패키지 제품들을 사용하는 것이 좋다.

- **"스파게티" 고치기** 안정성과 성능을 확실히 보장하고 중복 요소들을 줄일 수 있는, 기업 내부 시스템을 위한 최적의 표준 아키텍처를 결정해야 한다.

- **서비스 수준 협약(SLA) 개선** IT 부서가 문제 해결에 소요하는 시간을 줄이고

신규 기능 개발에 많은 시간을 투자할 수 있도록 보다 높은 수준의 서비스 수준 협약(SLA)을 달성해야 한다.

- **데이터 정리** 너무나 많은 원본 데이터, 다수의 데이터 제공 채널, 그리고 과도하게 복잡한 데이터 관련 도구들은 현업 사용자들에게 도움이 되지 않는다. 데이터를 통합하고 법과 규제가 허락된다면 필요 없는 데이터는 삭제하라.
- **기술 도입 이상의 목표를 달성** 고립된 기능이나 서비스들을 계속 만들어내지 말고 솔루션 포트폴리오와 비즈니스에 광범위하게 영향을 미칠 로드맵을 구축해야 한다.
- **최신 기술 활용** 혁신적이고 진취적이어야 한다. 이런 접근을 통해 기업의 개발 능력을 발전시킬 수 있다.
- **자금 지원과 적절한 우선순위 설정** 만약 IT 포트폴리오가 기업의 전략적 우선순위 업무들을 지원하지 못한다면 IT 부서는 투자 계획을 재평가해야 한다.

"클라우드를 통한 기업 주도권"의 강화

모든 IT 부서는 진행 중인 핵심 업무가 있다. 클라우드를 적용하는 일을 독립된 개별 업무로 보기보다는 IT 부서가 핵심 업무나 프로젝트의 진행 속도를 높이고 완료를 앞당기는 데 클라우드 프로젝트를 활용할 수 있다.

- **서비스 공유 방식에 대한 투자** 물리적 서버를 공유하는 기능이 클라우드의 장점 중 하나이지만, 클라우드는 더 많은 것을 제공할 수 있다. 클라우드의 확장 단위는 전통적인 애플리케이션보다 밀도가 높기 때문에(예를 들어 온-프

레미스 IT 환경에서는 하나의 애플리케이션으로 분류되는 것이 클라우드에서는 하나의 애플리케이션 구성 요소로 분류될 수 있다), 기업들은 애플리케이션이 서로 공유할 수 있는 기능적 컴포넌트를 만들어낼 수 있다.

- 특정 시점에 고해상도 이미지 파일의 크기를 조절하는 12개의 다른 애플리케이션을 가지고 있다고 가정해 보자. IT 부서는 크기 조절이 가능한 단일 이미지 파일을 만들어서 애플리케이션들이 필요할 때마다 사용하도록 할당할 수 있다. 이렇게 만들어진 컴포넌트는 향후에 개발되는 애플리케이션들이 이용할 수 있는 라이브러리의 일부분이 되고 개발자들은 동일한 컴포넌트를 개발할 필요가 없어진다.

- **글로벌 플랫폼 통합** 어떤 기업들은 특정 지역에 데이터 센터를 가지고 있지 않고 그 지역에 데이터 센터를 설치할 생각도 없다. 더 나아가, 오늘날 "글로벌 플랫폼"이란 단어는 서비스는 한 지역에서 호스팅되지만 전 세계 어디에서나 접근이 가능한 애플리케이션의 개념으로 자주 정의된다. 클라우드에서의 글로벌 플랫폼이란 전 세계의 여러 지역에서 호스팅되면서 논리적 아키텍처를 이용해 느슨하게 연결된(loosely coupled) 서비스의 집합이란 개념과 단일 지역에서 호스팅되면서 광범위한 지역에 서비스가 제공되는 개념 모두를 포함한다. 클라우드 기반 애플리케이션은 성능 향상을 위해 지역별 데이터 센터와 콘텐츠 전송 네트워크(CDN)를 활용할 수 있다.

- **애플리케이션 포트폴리오 단순화** 하나의 생태계를 클라우드로 이행하면서 얻을 수 있는 효과 중 하나가 생태계의 수준을 향상시킬 수 있다는 점이다. 기업들은 이전 과정에서 서로 통합하거나 없애야 하는 애플리케이션이나 비즈니스 프로세스를 찾아내고 공유 서비스와 글로벌 플랫폼 또는 단순히 몇 개의 도구들을 통합하는 작업만으로도 복잡도를 줄일 수 있다.

▪ **사용자 경험치의 개선** 개발팀들의 개발 방식을 분석해보면 애플리케이션을 사용하는 사용자의 입장보다는 기능 중심으로 설계하는 경우를 흔히 볼 수 있다. 스마트폰 같은 디지털 기기에 대한 의존도가 높아지면서 사용자들은 앱 스토어 등에서 쉽게 얻을 수 있는 소비자용 애플리케이션들의 편리함과 친숙함 그리고 효용성에 많이 익숙해져 있기 때문에, 자신들이 회사에서 사용하는 IT 애플리케이션에도 동일한 기대를 가지고 있다. 속도가 느린 CPU를 가진 기기들을 대신해서 많은 정보를 빠르게 처리할 수 있는 클라우드의 능력과 퍼블릭 클라우드가 제공하는 편리한 네트워크 접근성을 결합하면 IT 부서가 사용자들의 기대치를 충족시키는 데 큰 도움이 된다.

▪ **섀도우 IT 애플리케이션의 양성화** 많은 기업들이 내부적으로 사용하고 있는 섀도우 애플리케이션[2]들이 중요한 비즈니스 프로세스를 지원하는 경우를 쉽게 볼 수 있다. 만약 IT 부서가 애플리케이션을 클라우드로 이행하는 과정에서 이들을 IT 포트폴리오에 포함시킬 수 있다면, 이 섀도우 애플리케이션들에 대한 지원과 가용성 및 서비스 수준을 향상시키는 데 많은 도움이 된다. 빠른 개발 및 적용이 가능하고 사용한 만큼 비용을 지불하는 클라우드 컴퓨팅 방식은 섀도우 애플리케이션의 비율을 낮추고 IT 부서와 현업 부서들이 전반적인 위험을 줄이면서 서로 윈-윈할 수 있는 방안을 제공한다.

---

2) 역자 주: 회사의 공식적인 승인없이 특정 부서나 개인의 업무 수행을 위해 자체 개발해 사용하는 애플리케이션이나 솔루션을 의미함.

TO THE CLOUD

클라우드의 기회 분석

획기적인 비즈니스 도전을 시도할 때 가장 중요한 관점 중 하나는, 도전 과정에서 반드시 따라오는 변화에 대해 해당 조직이 얼마나 잘 준비하고 대응하는가이다. 기업의 애플리케이션 중 대부분을 한꺼번에 클라우드로 이행할 수 있는가? 아니면 운영 중인 IT 애플리케이션의 일부만 이행하는 것이 최상의 선택인가? 아래의 질문들에 대해 확실한 답변을 마련하는 것이 클라우드로의 이행이라는 획기적인 비즈니스 도전을 준비하는 데 꼭 필요하다.

비즈니스 준비

- IT 부서와 IT 부서가 지원하는 현업 부서들 간의 관계가 얼마나 돈독한가? 여

러분의 기업은 IT를 경쟁우위의 원천이라고 보고 있는가? 아니면 앞으로 그렇게 인식할 가능성이 있는가?

- 시스템에 영향을 미치는 규제나 계약과 관련한 이슈들이 있는가?
- 여러분의 기업은 IT의 클라우드 이행에 따른 잠재적 가치를 발견했는가? 경영진의 지원을 얻고 있는가?
- 우선순위가 높은 비즈니스에 더 많은 지원이 필요한가? 클라우드가 기존 시스템이 가진 문제들을 줄여줄 수 있는가?

조직적 준비

- IT 직원들의 기술 역량은 어떤가? IT 직원들이 새로운 방식으로 애플리케이션을 설계 및 개발하고 관리하는 데 얼마나 쉽게 적응할 수 있는가?
- 기업의 변화 관리를 위한 프로세스나 도구를 보유하고 있는가?
- 조직의 변화를 이끌어내기 위해 필요한 예산과 지원을 확보할 수 있는가?

기술적 준비

- 기존 애플리케이션의 아키텍처와 클라우드 환경에서 요구되는 아키텍처 간에 어떤 차이가 있는가?
- 얼마나 많은 구형 시스템(예: 메인 프레임)을 다시 구축해야 하는가?
- 기존의 생태계가 비즈니스의 요구와 프로세스를 적절하게 지원하고 있는가? IT 부서가 이미 업그레이드나 개선 작업을 계획하고 있는가?

기업의 자산 현황

기업의 IT 자산 현황은 모든 애플리케이션의 형태, 도입 및 사용 기간, 적용된 아키텍처와 개발자, 유지·보수 담당자와 소요 비용 등의 정보를 포함하고 있어야 한다. 또한 예산과 인원이 변경되면 이 애플리케이션을 유지·개선하는 업무에 어떤 영향이 있을지를 파악해야 한다.

기업이 보유한 IT 포트폴리오의 정보를 최신의 내용으로 유지하는 것이 상당히 어려운 일이다. 애플리케이션 정보들의 데이터베이스를 구축한 기업조차도 해당 정보가 너무 오래되었거나 누락되었거나 혹은 정확하지 않다는 것을 알고 있다. 클라우드 적용 계획은 이 정보들을 갱신하고 지속적으로 관리할 수 있는 방법을 찾아낼 수 있는 좋은 기회다.

아래의 질문들을 활용해서 객관적 사실 파악을 위한 설문 조사 진행을 검토한다.

비즈니스 요소들

- 이 애플리케이션이 비즈니스에 얼마나 중요한가? 얼마나 많은 사용자를 가지고 있는가? (직원, 고객, 업체 등을 포괄해서) 어떤 인원들이 애플리케이션을 필요로 하는가?
- 애플리케이션이 제공하는 내용이나 수집하는 데이터가 얼마나 민감한가? 클라우드 이행 시 발생할 수 있는 규제나 법적인 우려 사항들이 있는가?
- 애플리케이션이 향후의 비즈니스 요구들을 해결할 수 있는가? 적용이 예정되어 있거나 요청을 받은 새로운 기능들이 있는가? 애플리케이션의 폐기가 예정되어 있는가? 그럼 그 시기는?

- 애플리케이션의 원본 코드가 확보되어 있는가? 원본 코드를 다룰 수 있는 인력이 확보되어 있는가?

기술적 요소들: 아키텍처

- 애플리케이션은 전반적으로 어떤 아키텍처를 사용하는가? 예를 들어, 3Tier(계층) 애플리케이션인가? 전용 클라이언트 프로그램이 필요한가? 혹은 웹 방식인가?
- 애플리케이션의 플랫폼이 사용하는 운영 체제와 데이터베이스는 무엇인가? 특정 버전에서만 제공하는 기능을 사용하는가? 애플리케이션이 호스팅되는가 아니면 Microsoft 쉐어포인트 등의 다른 플랫폼 환경에서 작동하는가?
- 해당 애플리케이션이 다른 시스템과의 연계 포인트를 얼마나 가지고 있는가? 연계 작업은 얼마나 복잡한가?

기술적 요소: 데이터

- (애플리케이션이 요구하는 공간과 데이터를 합친) 데이터 저장 공간은 최대 얼마 정도가 필요할 것으로 예상하는가? 애플리케이션이 어떤 종류의 비-SQL 데이터(플랫 파일, 이미지, 문서 파일 등)를 이용하는가?
- 해당 애플리케이션이 월별로 어느 정도의 비-SQL 데이터 입출력 트랜잭션을 발생시키는가? 예를 들어, 얼마나 많은 읽기/쓰기 작업이 발생하는가? (클라우드 업체가 입출력 트랜잭션 단위로 사용료를 부과한다면 이 항목은 더욱 중요해진다.)
- 해당 애플리케이션의 지금까지의 데이터 증가 이력과 앞으로 예상되는 증가량은?

기술적 요소들: 사용률
- 해당 애플리케이션이 예측 가능한 사용 패턴을 가지고 있는가, 아니면 일정하지 않은 수요 패턴을 가지고 있는가? 예측하지 못한 수요가 갑자기 증가하는 현상이 발생했었는가? 그렇다면 그런 수요 증가가 발생한 주요 원인은 무엇인가? 측정 가능한 방식으로 사용률이 증가하거나 줄어드는가?
- 해당 애플리케이션이 사용자와 다른 애플리케이션과의 통신을 위해 월별로 어느 정도의 네트워크 대역폭을 사용한다고 보는가?
- 해당 애플리케이션에 필요한 모니터링 기능은 무엇인가? 애플리케이션을 위한 모니터링 솔루션(온-프레미스용)이 있다면 클라우드 환경에서도 사용 가능한가?

설문 조사 결과를 검토하면 클라우드 이행 과정에서 클라우드의 공유 서비스로 기능을 통합하거나 애플리케이션들을 단순화시킬 수 있는 기회를 파악할 수 있다.

내부에서 운영 중인 애플리케이션의 책임자들을 대상으로 한 설문 조사에서, Microsoft IT 부서는 윈도우 애저로 이행이 가능한 대상 항목들을 많이 발굴해낼 수 있었다. 설문 응답자가 관리하는 애플리케이션의 약 50%가 완전한 웹 기반이고, 2개 미만의 다른 애플리케이션과 연계되면서 주기적으로 수요가 급증하는 이력을 가지고 있었다. 또한 대부분의 애플리케이션들이(특히, 중요도가 낮은 경우에는 더 많이) 40GB 미만의 SQL 서버 공간을 사용하는 것으로 파악되었다.

애플리케이션 선정 프로세스

다음의 플로우 차트는 Microsoft IT 부서가 클라우드로 이행해야 하는 애플리케이션과 이행 순서를 평가한 내용이다. 우리는 조만간 폐기가 예정되어 있거나 클라우드로 이행하는 경우, 짧은 기간 내 규제 요건을 준수할 수 없는 애플리케이션들은 대상에서 제외했다. 그리고 클라우드의 효과를 극대화할 수 있는 애플리케이션들을 선정하고 그 다음으로 우선순위를 정하는 작업을 진행했다.

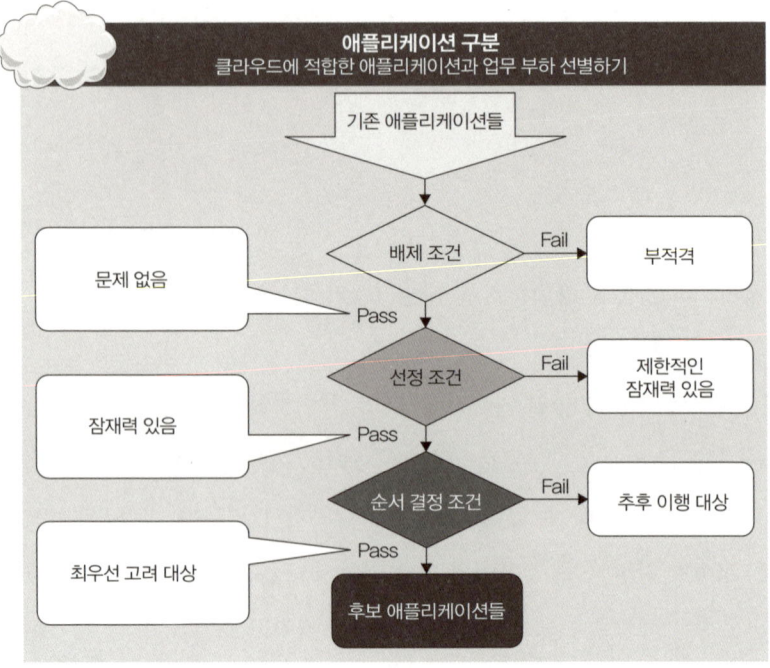

세부 분류

일부 애플리케이션은 현재 상태에서도 다른 애플리케이션에 비해 훨씬 더 클라우드에 적합한 형태를 가지고 있다. Microsoft IT 부서가 세부 분류 작업을 진행할 때 비즈니스 운영에 얼마나 중요한지의 정도, 규제 및 규정과 관련된 수준 그리고 수집하고 저장하는 정보의 민감도 등을 측정하여 해당 애플리케이션의 위험과 민감도를 산정했다.

기술적인 측면에서는 솔루션 설계의 복잡도, 모니터링 요구와 데이터베이스 크기 그리고 개발 원본 코드의 확보 여부를 가지고 등급 평가를 진행했다. 설문 조사를 토대로 우리는 3개의 애플리케이션 체계를 설정했다. 초급, 중급 그리고 고급 단계로 분류했다.

Microsoft가 정의한 "초급"은 금융회사나 제약 회사가 정의한 기준과는 다를 것이다. 자기 환경에 맞춰 기준을 정의하는 것이 필요하다.

우리는 아래 도표에 설명된 세부 분류 기준에 근거해서 Microsoft IT 포트폴리오에 등록된 애플리케이션들을 "사전 검증"했다.

분류	업무 측면 선별 조건	기술적 선별 조건
초급	규정 관련 이슈에 대한 노출이 제한적이고 비교적 덜 민감한 컨텐트를 다루는, 비핵심 업무	온-프레미스와 클라우드 간 통합 요구와 모니터링 필요성이 낮고, 소스 코드가 있으며 데이터베이스 저장 용량도 10GB 이하
중급	규정 관련 이슈에 대한 노출이 중급 정도이고 중급 정도의 민감도를 가진 콘텐트를 다루는, 비 핵심 업무	온-프레미스와 클라우드 간 통합 요구와 모니터링 필요성이 중급, 소스 코드가 있으며 데이터베이스 저장 용량도 50GB 이하
고급	규정 관련 이슈에 대한 노출 가능성이 높고 높은 민감도를 가진 컨텐트를 다루는 핵심 업무	온-프레미스와 클라우드 간 통합 요구와 모니터링 필요성이 높고, 패키지 애플리케이션의 통합 필요가 있으며 데이터베이스 저장 용량도 50GB 이상

그 다음에 우리는 1~5등급으로 나누어서 애플리케이션들이 얼마나 윈도우 애저 플랫폼에 적합한지를 평가했다. 기본적인 점수들을 토대로 윈도우 애저 웹롤, 워커롤과 가상 머신(VM) 혹은 일부 컴포넌트를 온-프레미스 환경에서 운영하는 하이브리드 모델을 이용하는 클라우드로 이행할 수 있는 애플리케이션들을 선정했다.

우리는 클라우드에서 호스팅될 수 있는 모든 신규 애플리케이션에 "클라우드 우선" 정책을 적용할 것을 권고한다. 최소한 향후 클라우드로의 이전을 고려해서 신규 애플리케이션들을 설계해야 한다. 기업이 보유한 전체 애플리케이션 포트폴리오에 비교하면 신규로 도입되는 애플리케이션의 비율은 한 자리 수에서 10% 초반인 경우가 대부분이지만, 보안이나 법적 규제 같은 클라우드의 장애 요소들이 해결되는 경우에는 클라우드 환경에서 애플리케이션을 구축함으로써 얻을 수 있는 투자수익(ROI)이 훨씬 높은 경우가 많다.

수요 패턴

어떤 애플리케이션이 클라우드 환경에 가장 적합한지를 결정하기 위해서는 사용자 수요와 사용 패턴 그리고 업무 부하의 특성을 분석하는 작업이 필요하다. 앞으로 설명하게 될 사용 패턴을 가진 애플리케이션들이 클라우드의 장점을 활용하기 쉬우며, 일정한 사용 패턴을 가진 애플리케이션에 비해 더 많은 비용 절감 효과를 얻을 수 있다.

예측 가능한 수요 폭증 예산 편성이나 영업 관리 업무용 애플리케이션은 분기별, 반기별 혹은 연말에 많은 컴퓨팅 자원을 필요로 하게 된다. 업무 부하가 최대로 발생하는 시나리오를 기준으로 시스템을 구성하여 업무 부하가 낮은 시점에도 계속 초과 비용을 지불하게 되는 기존 방식 대신에, 업무 부하가 증가하는 시점에 필요한 자원을 할당하고 업무부하가 줄어들면 바로 자원을 회수하는 클라우드 컴퓨팅을 활용할 수 있다. 이 방식을 사용하면 사용한 만큼만 비용을 지불하기 때문에 많은 비용을 절감할 수 있다.

애플리케이션의 업무 부하에 영향을 주는 또 다른 계절적 사례로는 일요일에 열리는 슈퍼볼 결승전 시간 동안만 운영되는 온라인 피자 주문 시스템을 홍보하는 마케팅 캠페인, 연말에 집중적으로 이루어지는 연말 정산이나 세금 환급, 그리고 크리스마스 시즌의 온라인 상품 구매 시나리오 등이 있다. Microsoft의 많은 애플리케이션들이 이 영역에 포함되는데, 특히 신제품 출시를 지원하는 업무용 애플리케이션들이 많다. 이메일과 협업 시스템 같은 핵심 서비스들이 이 영역에 적합한 경우가 많고, 이 서비스들이 가진 보편성(거의 모든 사용자들이 사용하는 서비스라는 점) 때문에 훌륭한 SaaS 후보가 될 수 있다. 아래 그림은 예측 가능한 수요 폭증을 나타내고 있다.

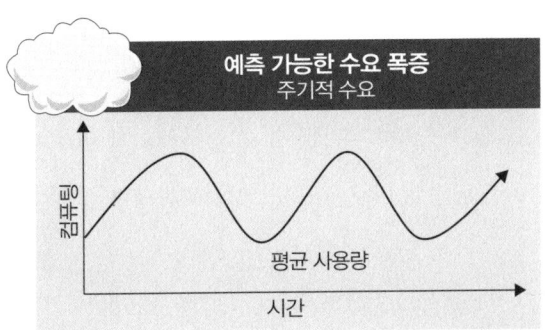

예측 불가능한 수요 폭증 클라우드의 구조적 특성을 활용하면 예측 불가능한 수요 폭증 시나리오에 대해서도 빠르게 대응할 수 있다. 사람들의 관심을 받는 인기 있는 콘텐츠, 이벤트 등이 인터넷을 타고 산불처럼 퍼지는 일이 아주 흔하게 발생하는데, 대부분의 경우 IT 부서는 무방비 상태에 있다가 당하게 된다(한 예로, 미국의 질병 통제센터(Centers for Disease Control, CDC)에서 "좀비가 세상을 점령한 인류 종말기에 생존하기"[3]라는 1쪽짜리 보고서를 게시하자, 서버가 중단될 정도로 많은 접속자가 몰렸다).

예측 불가능한 수요 폭증의 또 다른 사례는 커다란 자연재해가 발생한 후에 사람들이 친구나 가족을 찾기 위해 소셜 네트워크 사이트에 몰리는 경우와 같은 위기관리 체계다. TV에 인기상품의 광고가 나간 후 많은 쇼핑 고객들이 몰리는 현상이나, 사용자 수요가 어느 정도일지 예측하지 못한 상태에서 IT 부서가 새로 제공한 프로그램이 예측 불가능한 수요 폭증을 발생시킬 수 있다. 아래 그림이 이런 패턴을 설명하고 있다.

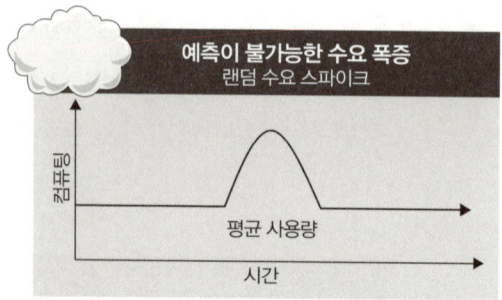

빠른 사용량 증가 급증하는 사용량을 충족시키기 위해 데이터 센터를 확장하는 데 소요되는 준비 기간도 기업을 괴롭힌다. 클라우드 컴퓨팅은

---

[3] Khan, Ali S. "Preparedness 101: Zombie Apocalypse." CDC. http://emergency.cdc.gov/socialmedia/zombies.asp

시스템 용량 확장에 불과 몇 분 혹은 몇 시간만 소요되는 스케일-아웃 방식의 장점을 활용해 오랜 준비 기간으로 인해 발생하는 문제점들을 줄이거나 없앨 수 있다. 업무 부하가 갑자기 폭증하기 보다는 꾸준히 증가하는 패턴을 보인다는 차이는 있지만, 빠른 사용량 증가 시나리오도 예측 불가능한 수요 폭증과 아주 유사하다. 충성도 높은 고객들이 빠르게 늘어나고 사람들의 입소문을 통해 인기가 확산되는 소셜 네트워크 사이트도 이 시나리오의 좋은 사례이다. 아래 그림은 이 증가 패턴을 보여준다.

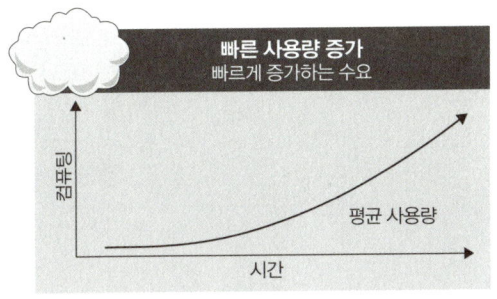

<u>온 & 오프</u> 클라우드를 이용하면 IT 인프라를 운영하느라 일 년 내내 고생하면서 많은 비용을 지출하는 대신, 특정 애플리케이션의 사용 기한이 만료되어 폐기해야 하거나 그 용도를 최소화해야 하는 경우에만 인프라 관련 서비스를 필요한 기간 동안 중지시키거나 사용하는 컴퓨팅 자원을 최소로 줄이는 것이 가능하다. 예를 들어, 주말마다 하는 작업 일정 관리나 주급 지불 시스템 같은 애플리케이션들은 필요에 따라 한 달에도 수시로 스케일-아웃 방식의 확장을 제공받을 수 있다. 직원복지나 인사평가 시스템 같은 애플리케이션들은 일 년에 한 번 혹은 두 번 정도만 집중적으로 사용이 이루어지는 반면, 이벤트 등록 사이트 같은 경우는 아주 불규칙하게 사용될 가능성이 높다. 대용량의 데이터 세트를 분석하는

분석 애플리케이션도 온 & 오프 영역으로 분류할 수 있지만, 분석 애플리케이션들은 여러 영역에 겹치는 경우가 많다(금융 업무나 영업에 관련된 분석 애플리케이션들은 분기나 반기 혹은 연 단위로 패턴이 반복되는 경우가 많다. 새로 도입된 분석 서비스도 사용량이 빠르게 증가하는 사례를 쉽게 볼 수 있다). 아래 그림은 온 & 오프 패턴을 보여준다.

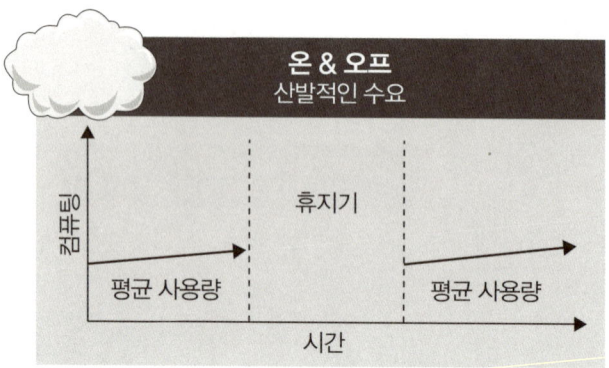

추가적인 시나리오 위에 언급된 것 외에도 여러 개의 추가적인 애플리케이션 시나리오가 클라우드 이행의 후보로 고려될 수 있다. 이 애플리케이션들은 클라우드 적용에 적합한 사용과 수요 패턴을 가지고 있다.

- **초과(Overflow)** 기업들은 애플리케이션을 온-프레미스 환경에만 놔두고 싶겠지만, 클라우드 인스턴스를 이용해서 초과 수요를 안정적으로 처리할 수 있는 방법도 있다. 이것을 "클라우드 버스팅"이라고 부른다. 주기적으로 컴퓨팅 자원을 집중 사용하는 금융 분석이나 개발 모델링 등이 이 분류에 적합하다.
- **데이터 백업(Archiving)** 기업들은 온-프레미스 애플리케이션의 백업 데이터를 저장/검색하는 업무에도 클라우드를 사용할 수 있다. 데이터의 이용 빈도

에 상관없이 백업 환경을 구현 및 관리하는 데 투입되는 노력과 비용을 최소화할 수 있다는 것이 클라우드의 이용을 통해 기업이 얻을 수 있는 혜택이다. 물론 일부 애플리케이션은 백업 데이터 활용으로 성능을 향상시킬 수 있다.

- **스토리지(Storage)** 데이터웨어 하우징 같은 대용량 스토리지 시나리오도 클라우드의 확장성과 기본적인 이중화의 효과를 얻을 수 있는 사례이다. 이때 데이터의 종류(관계형, 비관계형 혹은 플랫 파일)는 문제가 되지 않는다.

- **파트너십** 파트너 방식이나 조인트-벤처 방식으로 비즈니스를 운영하는 경우에도 파트너 혹은 참여 업체들 간의 시스템 통합 방안으로 클라우드를 활용할 수 있다. 파트너십 시나리오에서는 수요 예측이 어렵기 때문에, 퍼블릭 클라우드를 모든 파트너들이 접근해서 사용하는 호스팅 애플리케이션을 위한 지정된 플랫폼으로 활용될 수 있다.

- **산업별 특화** 특정 산업의 애플리케이션에 특화된 커뮤니티 클라우드라는 개념이 일반화되고 있다. 이런 클라우드 서비스들은 산업군의 특정 요구(예: 회계 기준이나 제약 업체들에 적용되는 법규 등)를 충족시킬 수 있으며, 반복적으로 발생하는 수요 패턴을 효과적으로 처리할 수 있다.

- **장애 복구** 클라우드를 이용해서 온-프레미스 애플리케이션의 백업이나 이중화를 지원할 수 있다. 예를 들어, 켈리 블루 북[4]은 윈도우 애저에 자신들이 운영하는 kbb.com 사이트의 백업 사이트를 운영하고 있다. 켈리 블루 북이 운영하는 kbb.com 사이트가 다운되면 애플리케이션이 사용자의 요청을 윈도우 애저의 백업 사이트 인스턴스로 보내게 된다.[5]

---

4) 역자 주: 북미 지역에서 중고차 시세를 확인할 때 가장 많이 활용하는 웹 사이트
5) "Microsoft Case Study: Kelley Blue Book." http://www.microsoft.com/casestudies/Microsoft-Visual-Studio-2008-Professional-Edition/Kelley-Blue-Book/Pioneer-Provider-of-Vehicle-Pricing-Information-Uses-Technology-to-Expand-Reach/4000003864

TO THE CLOUD
비즈니스 사례 만들기

일단 여러분이 어떤 애플리케이션을 어떤 형태의 클라우드 환경(퍼블릭, 사설 혹은 하이브리드)으로 이행할 것인지 생각을 정리했다면, 클라우드 이행의 비즈니스 사례를 만들기 위한 작업을 시작할 수 있어야 한다. 주요 내용은 비용이 얼마나 들 것인지, 기간이 얼마나 걸릴 것인지, 어떤 자원이 필요한지 그리고 어떻게 투자수익(ROI)을 측정할 것인지 등이다.

비용/수익 분석

이 작업을 위해서는 클라우드 이행에 적합하다고 판단한 대상 애플리케이션에 투입된 하드웨어, 설치 및 적용, 운영 그리고 지원 비용 등의 항목들을 상세히 파악해야 한다. 클라우드로 이행할 애플리케이션의 재무적 예측은 투자 비용뿐만 아니라 앞으로 얻을 수 있는 잠재적 비용 절감과 비용 발생 억제 그리고 매출에 대한 영향 등도 정량화할 수 있다.

- **애플리케이션 개발과 유지·보수** 온-디맨드 환경을 이용하기 때문에 개발과 테스트 업무의 생산성이 증가한다. 환경 구성의 필요성과 담당자들이 관리해야 하는 변수가 적다.
- **지원 인력** 클라우드로 이행하면 IT 부서는 더 이상 서버 설치와 구성, 소프트웨어 패치와 업그레이드(PaaS와 SaaS 이용 시) 같은 IT 인프라의 운영 및 관리 작업을 책임지지 않아도 된다. 그리고 서버와 스토리지를 클라우드로 이전함으로써 많은 형태의 장애처리 관리 업무에서 자유로워진다.
- **하드웨어와 호스팅** 온-프레미스 환경보다 클라우드에서 운영되는 서버와 스토리지의 활용도가 높다. 다른 사용자 그룹과 같이 사용하는 멀티테넌시 환경은, 사용자 관점에서 수용이 가능한 옵션이라면 비용을 확 줄일 수 있는 규모의 경제 효과를 만들어낸다. 더불어 하드웨어 측면에서의 확장성을 계획할 필요성도 줄어든다.

기업이 클라우드 전략을 실행하여 얻을 수 있는 비용 절감 효과에 대해 논의할 때, 아래의 항목들을 고려하도록 하자.

- 클라우드 이행을 위한 초기 비용이 발생하더라도, 클라우드가 장기적 관점에서 기업에게 비용 절감 효과를 제공한다는 것을 보여주어야 한다.
- 클라우드로 인해 자본 비용(CAPEX)이 운영 비용(OPEX)으로 전환되고 IT 비

용 지출이 지속적으로 둔화된다는 점을 설득해야 한다. 미리 IT 예산을 편성해 놓고 사용하는 기존 방식에서 사용한 만큼 지불하는 방식으로 변경함으로써 조직이 얻게 될 효과에 대해 CFO, 재무팀 인원들과 논의해야 한다.

- 퍼블릭 클라우드 전략이 사설 클라우드보다 더 나은 경제적 가치를 제공하는 확실한 대안인지를 판단해야 한다.
- IT 부서가 새로운 혁신에 집중할 수 있도록 기존 솔루션들의 통합과 단순화를 조직 내부에 적극 홍보해야 한다.

아래 그림은 Microsoft IT 부서가 클라우드를 통해 어떤 업무에서 어느 정도의 비용 절감 효과를 얻을 수 있는지를 분석한 내용이다. "변경 가능한 비용(Addressable spend)"은 클라우드의 이행에 따라 영향을 받게 되는 IT 예산의 비율을 의미한다(예를 들어, 데스크탑 구매와 같은 일부 영역은 클라우드 이행으로 인한 영향이 거의 없다).

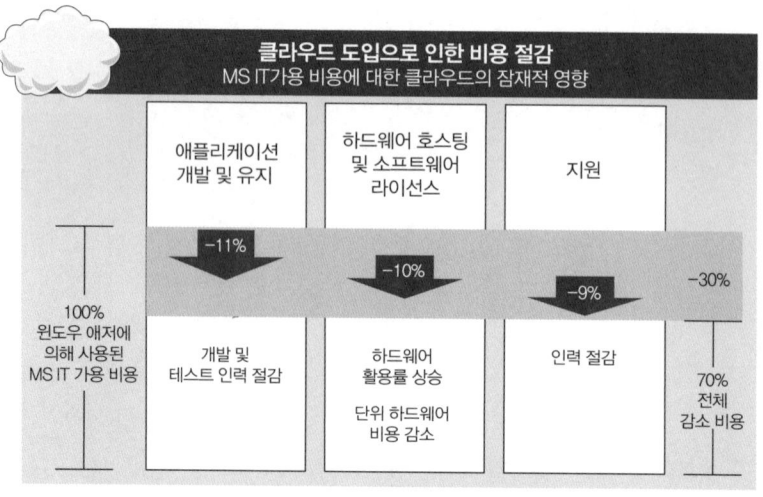

클라우드 기반에서 더 많은 애플리케이션을 개발할수록 긍정적인 여러 효과와 비용 절감 효과를 얻을 수 있으며, 그 내용이 아래 도표에 설명되어 있다.

　비용대비 효과 분석 외에도, 클라우드의 개념 검증 작업(PoC)과 파일럿 프로젝트를 활용해서 이해 관계자들의 신뢰를 높이면서 이들이 가진 불안감이나 회의적 태도를 상당 부분 줄일 수 있다. 파일럿 클라우드 프로젝트를 사전에 실행하는 방안에 대해서는 Chapter 3에서 논의하겠다.

	가용 비용	영향
개발	애플리케이션 개발 및 유지 비용	개발자 생산성 향상; 더 신속하고 요구 사항에 잘 부응하는 애플리케이션 개발
통합	여러 통합 기술, 기존 아키텍처, 지속성에 대한 비용	확장성 및 표준화를 통해 연동이 용이해짐
보안	기업 보안을 유지하기 위한 비용	초기에 보안 우려가 높았지만 현재 클라우드 업체가 비용 일부를 부담하고 있음
하드웨어	신규 애플리케이션용 또는 기존 하드웨어 업그레이드용으로 구매하는 하드웨어 비용	점증하는 하드웨어 구매 필요성이 줄어듦
소프트웨어 라이선스	지속적인 소프트웨어 라이선스 비용	요구되는 소프트웨어 라이선스 수 감소; 종종 클라우드 가격 체계에 내장되기도 함
운영	전력 등 유틸리티와 인력을 포함한 데이터센터 운영 비용	데이터센터 운영 필요성이 감소
지원	애플리케이션과 최종 사용자 지원 비용	환경의 표준화와 운영 책임 감소로 이슈 발생 건수가 줄어들고 결과적으로 비용도 감소함

Summary 요약

- 실시간 데이터 처리가 중요해지고 모바일 환경을 필요로 하는 직원의 수가 지속적으로 증가하면서 기업이 우선적으로 추구하는 것이 비즈니스의 연속성이라면 클라우드 컴퓨팅은 더욱 효과적이다.

- 현재 시점의 IT 관련 문제점과 이슈의 복잡도, 낡고 오래된 시스템, 재무적 제약 사항들 그리고 IT 운영의 압박 등을 정확히 이해하면 클라우드를 어떻게 이용할 수 있는지, 문제 해결을 위해 어떤 기능이 필요한지 등을 쉽게 정의할 수 있다.

- 클라우드의 비전을 계속 이끌어가기 위해서는 임원진의 적극적 참여와 후원, 이해 관계자들의 협력 그리고 조직적인 참여가 필요하다. 더불어 가용 예산, 투자 우선순위와 클라우드 컴퓨팅의 위험 요소 등과 관련된 이슈들을 해결해야 한다.

- 공유 서비스, 통합된 글로벌 플랫폼, 애플리케이션 단순화, 사용자 경험의 개선 그리고 새도우 IT의 양성화 등을 통해 기존의 IT 주도권을 더 강화할 수 있다.

- 기업이 보유한 애플리케이션 현황 분석을 통해 해당 애플리케이션이 비즈니스에 미치는 영향의 수준, 데이터 자산 그리고 사용 패턴 등을 이해해야 한다.

- 수요 패턴 분석 등의 작업을 통해 어떤 애플리케이션이 클라우드에 적합한지를 판단하고 비즈니스와 기술적 항목에 근거해서 우선순위를 정해야 한다.

- 클라우드 기반 애플리케이션의 개발, 인력, 하드웨어와 네트워크 대역폭 영역에 투입될 금액, 비용 절감 금액 그리고 매출 영향 등을 정량화해야 한다.

TO THE CLOUD

CHAPTER · 3

구현하기

지금까지 기업이 클라우드 서비스를 활용해서 이익을 얻을 수 있는 방법을 파악해 보았다. 다음 단계는 어떻게 진행해 나갈 것인가를 결정하는 것이다.

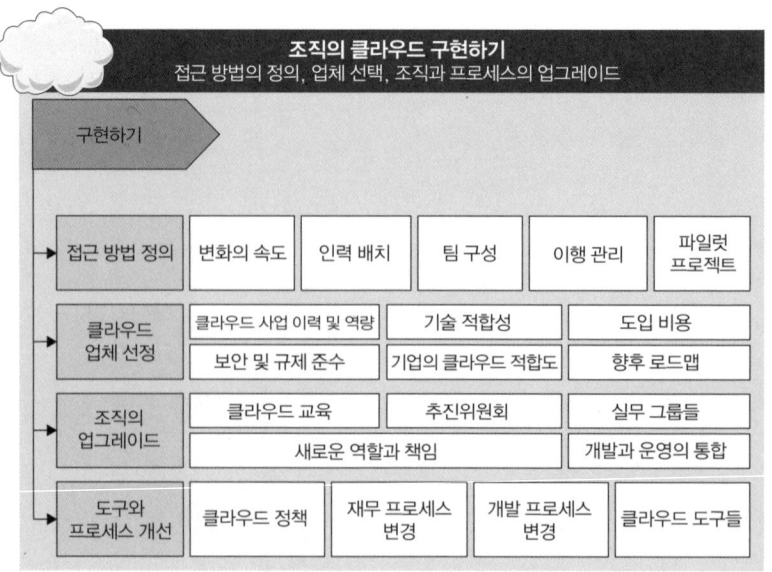

TO THE CLOUD

적용 방법 정의

조직이 효과적으로 클라우드 이행 작업을 진행하기 위해서는 사전에 정의된 적용 방법이 필요하다. 이 적용 방법은 누가 주요 결정을 내릴 것인가, 얼마나 공격적으로 이행 일정을 짤 것인가, 이런 일정이 인력 수급에 어떤 영향을 미칠 것인가, 그리고 경영진에서는 세부적 통제를 할지 아니면 아래에서 이루어지는 시도에 전폭적인 지지를 보낼지 등의 여러 사항들을 명확하게 하기 위해 정의된다.

조직의 규모나 복잡도 그리고 사업 측면에서 회사가 받는 압력에 따라 접근 방법을 선택할 수 있다. 적용 방법에 따른 구현 특성들에 대한 상세 논의는 이 섹션 뒷부분에서 다루지만 100페이지 그림으로 요약할 수 있다.

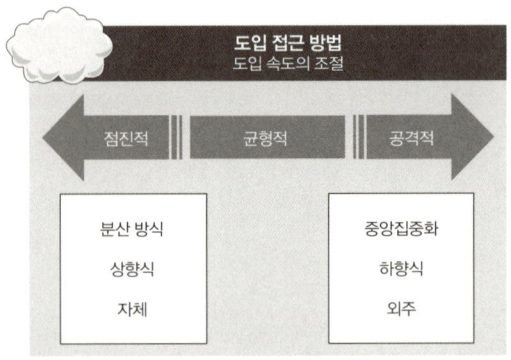

변화의 속도

한 기업의 문화, 특히 변화에 대한 내성은 얼마나 그 조직이 빨리 클라우드를 받아들일지에 커다란 영향을 준다. 업무에 관련된 규정의 수나 복잡도도 또한 변수이다.

위험을 무릅쓰는 것을 다소 꺼리는 경영자들은 초기 비용은 저렴하지만 장기적으로는 잠재적인 투자수익(ROI)이 낮아지는, 보다 느리고 점진적인 접근 방법을 선택할 것이다. 이 방법은 경쟁자가 더 빨리 움직여 경쟁 우위를 선점할 기회를 제공할 수도 있다. 초기 시장 진입자가 갖는 이익에 관심이 많은 기업이라면 IT의 재검토가 빨리 이루어질 것이며 사업의 타당성이 높다면 더욱 공격적인 행보를 취할 것이다.

클라우드로의 이행에 조심스러워야 하는 분명한 이유를 가진 기업들도 있다. 미국에 근거지를 두고 다양하고 복잡한 IT 시스템을 보유하고 있는 대규모 병원 재벌을 생각해보자. 아마도 병원 법무팀은 많은 청구와 소송 때문에 매일 바쁜 상황일 것이고 이를 위해 정확한 자료 보관이 중요하다. 의사 결정권자들은 환자 정보의 수집과 보관 방법을 변경하는 일에 깊은 우려를 갖고 있으며, 클라우드 업체에 의존할 경우 병원의 여러 관련 규정과 인증 등에 어떤 영향이 생길지도 걱정하고 있다.

기업 및 개인 투자가들의 펀드를 운영하는 금융 컨설팅 회사는 전혀 다른 경우로 볼 수 있다. 다양한 장치를 이용해서 계정 정보를 열람할 수 있게 해 달라는 고객들의 요구는 증가하고 있지만 회사의 애플리케이션은 독립적으로 개발되어 연계가 잘 되지 않으며, 고객들은 느려터진 애플리케이션 성능과 부족한 기능에 불만을 토로한다. 경영진은 고객의 기대치를 빠르게 충족시켜 주지 못하면 경쟁사에 고객들을 뺏길 수도 있다고 우려하고 있다. 변화를 시도할 때 규정이나 개인정보 보호에 대한 우려를 해소해야 하겠지만, 이런 기업의 경우에는 공격적인 접근 방법이 더 적절하다고 할 수 있다.

하지만 현실 세계에서는 위에 언급된 가상의 두 회사처럼 명확한 그림이 잘 그려지지 않는다. CIO는 회사의 애플리케이션 포트폴리오에 포함된 각 사업 부문의 애플리케이션별로 비즈니스 목표와 타당성이 다르다는 것을 발견할 것이다. 사업 부문별 애플리케이션 및 비즈니스 목표와 타당성을 기준으로 어떤 애플리케이션을 먼저 클라우드로 이행할지를 결정한다. 다음 그림과 같이 이 애플리케이션들을 여러 단계로 이루어진 계획 안에 포함시키면 된다.

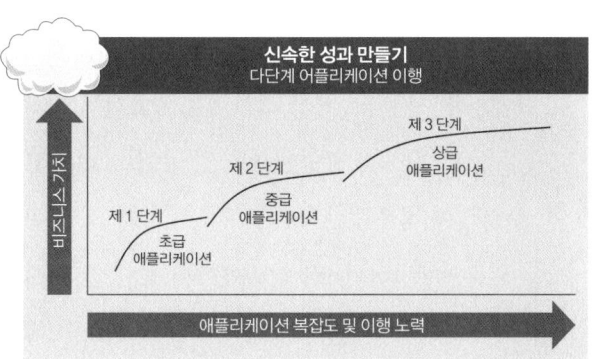

신속하게 성과를 만들어내는 것이 조직 내부에서 분위기를 형성하고 반대자들을 잠재우는 데 필수적이다. 더 복잡한 애플리케이션들을 재구성하는 것이 가능한지를 검토한 다음 기존 계약 또는 라이선스 기간이 만료되는 온-프레미스 애플리케이션들을 공유 서비스를 개발해서 대체하는 것이 가능한지를 검토한다. 그리고 마지막으로, 모든 신규 애플리케이션은 클라우드 서비스를 이용해서 구축한다는 "클라우드 우선" 정책을 실행할 수 있는지 검토한다.

인력 배치

애플리케이션을 클라우드로 이행하는 작업을 수행할 때 회사 내에 수립되어 있는 인력 배정 방식을 적용할 수도 있다. 그러나 회사가 가진 통상적인 인력 배정 방식에서 벗어나면 더 쉽게 클라우드 적용 작업을 진행할 수 있다.

분산된 업무 추진 구조를 가진 조직에서는 계획 수립, 제공, 그리고 서비스 운영에 여러 팀이 관여하게 되며 각 팀들은 의사 결정에 영향을 주는 사업 부서들과 직접 협력하게 된다. 분산된 구조를 가진 기업의 현업 부서들은 애플리케이션에 관련한 업무 지식이 더 뛰어나지만, 대규모 이행이나 서비스 통합 작업에는 비효율적이다.

중앙 집중식 모델에서는 전담 팀이 전체 IT 라이프 사이클을 관장하는데, 이 경우에는 클라우드 컴퓨팅이 그 대상이다. 모든 사업 부서는 이 전담 팀과 요구 사항을 공유하게 된다. 의사 결정, 자금 책정, 그리고 인력 확보 등의 모든 업무들이 중앙화된다. 이 모델은 전담 팀이 비록 애플리케이션별로 지식은 좀 부족하더라도, 단순 애플리케이션을 대규모로 이행하는 경우 반복적인 과정과 재사용 가능한 도구를 이용해서 효율성을 최대로 끌어올릴 수 있기 때문에 효과적이다. 어떤 애플리케이션 컴포넌트가 재사용이 가능한지 파악하고 관리 작업을 자동화하는 것은 중앙 집중화된 "이행 공장" 접근 방식에서 얻을 수 있는 결과물이다.

한편 중앙 집중식 모델이 초기 투자 규모는 크지만, 더 나은 애플리케이션 선정 결과와 일관성 있는 구현 방법을 제공하기 때문에 높은 보상 결과를 가져올 수 있다. 또 다른 옵션은 인력 배정에서 중앙 집중식과 분산 모델을 혼합하는 것이다. 어떤 조직들은 중앙 집중식 팀으로 시작하는 것이 어려울 수 있다. 이들은 소규모 분산팀으로 시작해서 초기 성공으로 사업의 타당성을 확보한 후에 중앙 집중식 팀에 자금과 인력을 투입하는 방식을 선호한다.

팀 구성

클라우드 도입을 위해 기업이 책정한 예산 규모 및 이행 일정은 내부 직원을 쓸지 혹은 클라우드 컴퓨팅 경험이 많은 외부 컨설턴트나 SI 업체를 고용할지 여부를 결정하는 데 많은 영향을 주게 된다.

내부 직원들은 업무 내용을 숙지하는 데 필요한 시간이 짧고 클라우드 설계나 구현 과정에서 엔지니어들이 습득한 지식과 경험도 회사에 남게 된다. 그리고 개발 표준 및 패턴도 더 직접적으로 관리할 수 있는 장점이 있다. 반면에, 내부 팀은 클라우드 이행 작업과 현재 업무 간에 배분이 필요하고 클라우드 컴퓨팅에 대한 별도 훈련이 필요할 수 있다.

이미 클라우드 컴퓨팅 노하우를 보유하고 있는 컨설턴트를 고용하면 이행 작업을 신속히 진행할 수 있으며, 내부 IT 팀에게는 클라우드 역량을 쌓는 시간을 줄 수 있다. 많은 업무 지식을 가진 IT 부서 및 현업 부서 직원들은 회사가 만족하는 결과를 만들어내기 위한 업무 시나리오 개발과 개념 검증 작업(PoC) 등을 외부 업체들과 함께 진행하면서 클라우드의 지식과 경험을 습득할 수 있다.

인력 배정과 함께 혼합된 접근 방법을 고려하는 것이 필요하다. 일단 소규모 팀으로 클라우드 실험을 시작해서 클라우드의 씨를 뿌리고, 외부 업체 인력을 투입해 이 팀을 지원함으로써 클라우드를 확대해 나가는 방법을 선호할 수 있다. 현재 협력하고 있는 업체가 기업의 업무를 어느 정도 알고 있고 클라우드 전문가를 보유하고 있다면 이미 갖고 있는 관계를 바탕으로 빠르게 일을 시작하는 것이 가능하다. 내부와 업체 인력의 적절한 배분은 회사가 보유한 전문 역량의 수준과 내부 및 아웃소싱을 통해 개발된 애플리케이션의 비율에 따라 크게 달라진다.

이행 관리

하향식(Top-down) 접근 방법은 고위 관리자가 이행 접근 방식을 조정하고 도구, 프로세스 및 애플리케이션 아키텍처의 일관성을 높일 수 있는 장점이 있다. 또한 개발팀과 운영 부서 같은 관련 부서들이 원활하게 협력할 수 있고, 상황 변화에 따른 진로 변경도 용이하다. 이 방법이 가진 위험 요소는 관료주의인데, 고위 경영진이 일일이 애플리케이션들의 특정 부분 이행에 대한 사업적 타당성, 정책과 절차에 대한 변경, 클라우드 업체 선정 등을 승인해야 한다. 그리고 의사 결정권자들이 예산과 인력 확보를 놓고 클라우드와 경쟁을 벌이는 다른 사업 계획들을 저울질하는 과정에서 조직 내부의 정치가 끼어들 수도 있다.

반대로 상향식(Bottom-up) 전술은 상대적으로 적은 비용으로 클라우드 컴퓨팅의 열성 고객들을 확보할 수 있다. 예를 들어 Microsoft가 사내에서 실시한 윈도우 애저 샌드박스 프로그램에 참여한 개발자 한 명에게 들인 돈은 한 달에 몇 달러 수준이다. 그러나 상향식 접근방식에서는 한 가지 문제 해결에 너무 많은 솔루션이 검토되는 중복 작업의 이슈, 아키텍처나 코딩에 대한 표준화의 부재, 또는 섀도우 IT 프로젝트 증가 같은 의도하지 않은 결과도 생길 수 있다. 이 방식에서 클라우드의 깃발을 쥐고 나가는 의사 결정권자가 없다면 기업의 클라우드 실험은 동호회 활동 이상의 수준을 넘어서기 어렵다.

Microsoft IT 부서의 경험에 비추어 보면, 클라우드 도입을 심각하게 검토하는 기업들은 가치 있는 학습과 모범 사례 그리고 혁신적인 프로젝트를 창출할 수 있는 상향식 실험을 채택하면서 한편으로는 하향식 통제 체제를 구현함으로써 공격적인 진전을 이룰 수 있다.

클라우드 컴퓨팅이 빠르게 진화하고 있음을 감안하면 하향식 관리의 타당성이 더욱 확고해진다. 각기 다른 역량을 가진 수많은 업체와 플랫폼이 있지만 한편으로는 업계 전반에 걸친 표준화는 아직 이루어지지 않았다. 많은 이들이 이미 경험했고 대부분의 CIO들이 피하고 싶은 시나리오는 비용과 운영 복잡성만 증가시키는 단편적인 도구, 프로세스, 그리고 플랫폼들이 더 늘어나는 상황이다. 강력한 하향식 관리가 이런 상황에 도움이 된다.

파일럿 프로젝트

빠르거나 느리거나, 중앙 집중식 또는 분산방식, 내부 또는 아웃소싱, 하향식 관리 또는 상향식 전략 어느 쪽이든 여러분 기업에 어떤 방식이 가장 적합할지 알 수 있는 좋은 방법은 파일럿 프로젝트를 해보는 것이다. 파일럿 이행 작업을 통해 기술적 지식의 틈을 메우고 기대하는 이점들이 현실화될 수 있는지를 테스트할 수 있으며, 비용 절감 관련 데이터도 얻을 수 있다. 보통 수준의 요구 사항을 가진 한두 개의 작고 중요도가 낮은 애플리케이션으로 시작할 수도 있고 규모가 크고 복잡한 애플리케이션 한 개를 대상으로 시작할 수도 있다.

Microsoft IT 부서는 평가 과정에 초기에, 107페이지에 보이는 사내 자선 경매 시스템인 "Giving Campaign Auction Tool"[1]을 파일럿 대상 애플리케이션으로 선정했다.

Microsoft는 매년 10월에 기부 행사를 진행한다. 현금 기부와 함께 직원들은 상품 및 서비스 기부 물품을 온라인 경매에 올린다. 수년간 이 사이트를 운영하는 서버의 가동률은 정점을 기록하는 10월만 빼곤 거의 전무했다. 따라서 이 경매 사이트의 사용 프로파일은 "온-오프(On-Off)"와 "예상 가능한 수요 폭증(predictable bursting)" 패턴의 조합이며, 이는 클라우드에 아주 잘 들어맞는 패턴이라고 할 수 있다.

이 경매 사이트의 윈도우 애저로의 이행은 기금 모집 신기록이라는 결과를 가져왔다. 이는 단순히 이 이행작업의 소문이 많이 나서라기보

---

1) "Microsoft IT Moves Auction Tool to the Cloud, Makes It Easier for Employees to Donate." Microsoft Case Studies. http://www.techrepublic.com/resource-library/casestudies/microsoft-it-moves-auction-tool-to-the-cloud-makes-it-easier-for-employees-to-donate/

다는 사용자 요구를 수용할 수 있는 용량 추가가 항상 가능해졌기 때문이다. 확장 가능한 서버의 수가 무려 6배로 늘어났기 때문에 입찰자들은 최종 입찰 시점의 그 뜨거운 분위기 속에서도 성능 저하를 느낄 수 없었다. 이 사이트를 온-프레미스에서 윈도우 애저로 이행하는 데는 불과 2주가 걸렸을 뿐이다. 이런 성공 사례들로 인해 Microsoft IT 부서는 사용량이 많고 훨씬 더 복잡한 기능을 가진 애플리케이션들도 재설계할 수 있는 분위기를 만들어낼 수 있었다.

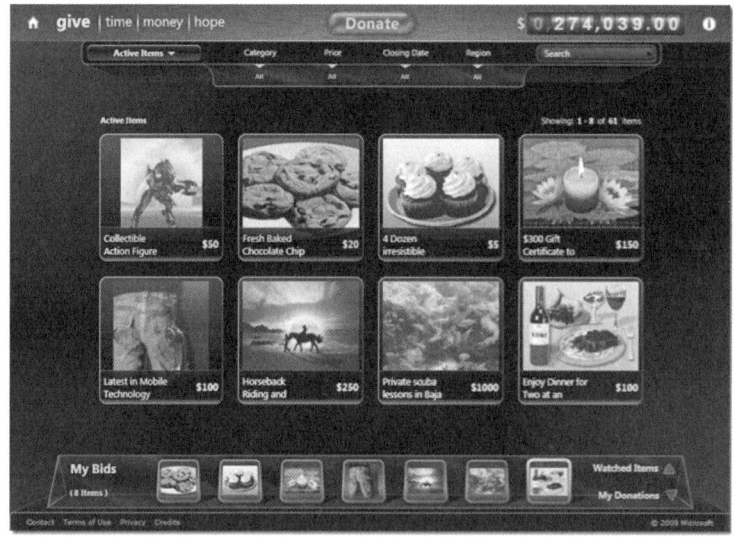

적절한 자금 지원이 이루어진다면, 대부분의 기업이 최초 몇 개의 애플리케이션을 클라우드로 이행하는 작업을 불과 몇 개월 안에 완료할 수 있다고 본다. 이런 초기의 경험을 통해 중요한 통찰력을 얻을 수 있고, 진행 속도를 조절하면서 회사의 이행 전략을 다듬을 수 있다. 또한 클라우드 서비스 사용에 대한 조직의 관심과 흥미를 높일 수 있다.

TO THE CLOUD

클라우드 업체의 선정

　클라우드 업체를 선정하기 전에 기업의 SaaS, PaaS 그리고 IaaS의 비중을 어떻게 가져가는 것이 기업 포트폴리오에 가장 적합할지를 먼저 판단해야 한다.

　널리 사용되고 보편화된 서비스인 이메일과 업무 생산성 애플리케이션을 SaaS로 전환하면 바로 혜택을 얻을 수 있다. IaaS를 사용하면 오래된 운영 체제나 컴포넌트를 필요로 하는 애플리케이션 구조를 많은 돈을 들여 재설계하지 않고도 빠르게 비용 절감 효과를 볼 수 있다. 또한 IaaS는 설치에 많은 시간이 필요하거나 스크립트로 설치가 불가능한 소프트웨어에 의존하는 애플리케이션에도 적합하다(IaaS 사용 시 기본 컴포넌트들을 기본 이미지에 미리 설치할 수 있는데, 이 작업은 PaaS에는 불가능하다). 이런 애플리케이션을 PaaS로 이행하기 위해서는 클라우드에서 작동하도록 만들기 위한 수정 작업에 많은 초기 비용이 투입되지만, PaaS용으로 애플리케이션을 재설계하고 현대화시키면 더 효율적인 운영이 가능해지고 유지·보수 업무가 줄어서 장기적인 비용 절감 효과가 있다.

클라우드 업체 선정은 여느 업체 선정 과정과 별반 다를 게 없다. 업체가 제공하는 서비스 종류와 내용, 사업 경력, 업체가 가진 업무 프로세스의 성숙도, 계약 및 서비스 수준 협약(SLA)의 완성도, 그리고 업체 영업 대표들이 고객들의 질문에 대한 답변을 얼마나 명확하고 완벽하게 하는지 등이 업체 선정에 있어 고려 대상이 된다. 몇몇 유형의 클라우드 업체와 그들이 제공하는 서비스가 아래 그림에 설명되어 있다.

클라우드 업체 현황
클라우드 업체 분류

회사 유형	제공 서비스	예
클라우드 기술 제공 회사	클라우드 소프트웨어 스택을 포함한 클라우드 기술을 창조함. 많은 경우, 이 회사들이 대부분 클라우드 서비스 업체이기도 함.	Microsoft, Google, SalesForce, VMWare 등
클라우드 서비스 제공 회사	클라우드 상품을 제공, 클라우드 서비스를 호스팅 또는 둘 다 수행; 관련 기술을 스스로 다 만들거나 혹은 그렇지 않을 수도 있음.	Fujitsu, Dell, HP, Rackspace 등
클라우드 ISV	관리 및 모니터링 등 클라우드용 부가 가치 서비스를 제공함. 클라우드 상에서 부가 가치를 가진 어플리케이션이나 서비스를 구축하기도 함.	RightScale, CIRBA, enStratus, ScaleXtream, Canonical 등
클라우드 시스템 통합 회사	다른 기업이 클라우드 상에서 애플리케이션 만드는 것을 도와줌.	Accenture, Infosys, TCS, Wipro 등

기업들은 SaaS, PaaS 및 IaaS 영역 중 한 영역 혹은 세 영역에 걸쳐 여러 개의 원하는 클라우드 업체나 플랫폼을 선택할 수 있다. 대부분의

클라우드 업체들이 일정 수준에서 웹 표준을 따르기는 하지만, 클라우드 서비스와 관련해서 명확하게 정의된 업계 표준은 아직 없다. 클라우드가 보편화될 가까운 미래를 위해, 클라우드 업체들의 기술적 통합 이력과 그들의 플랫폼이 어떤 부분에서 호환성이 떨어지는 폐쇄적 기술을 사용하는지를 이해하는 것이 중요하다. 오늘날 온-프레미스에서 이용되는 개발 언어용 프로그래밍 API들은 일반적으로 업체가 바뀌어도 큰 문제가 없지만, API 수준의 예외 상황은 발생할 수 있다. 그러나 웹에서 자원 확장이나 저장 장소 등과 같이 특정 업체에 종속적인 클라우드 서비스에 접근할 때 이용되는 API들은 대부분 업체 간의 호환성이 보장되지 않는다는 점을 염두에 두어야 한다.

클라우드 업체의 인증

업체들의 마케팅 자료만 보고도 "클라우드" 업체들을 쉽게 선별할 수 있겠지만, 다음과 같은 내용을 확인하는 것이 필요하다.

- 업체가 사용량 기반 가격 모델을 제시하는가? 단지 정액제만을 제시한다면 아마도 이런 업체는 온-디멘드 확장성, 자원 공유(풀링), 신속한 자원 할당과 회수 및 자원 이용에 대한 미터링 같은 실질적인 클라우드 기능은 제공하지 못하면서, 전통적인 웹 애플리케이션의 이름만 바꾸어서 서비스를 제공하는 "클라우드 세탁(cloud-washing)"일 가능성이 있다.
- 얼마나 자주 서비스 업데이트를 하는가? 일 년에 한두 번 정도의 기능 개선이나 보안 강화 작업만 진행된다면 이 업체는 아직도 전통적인 개발 방법을

사용하고 있을 가능성이 높으며, 이 업체들을 진짜 클라우드 업체라고 하기에는 부족한 부분이 많다는 신호로 볼 수 있다.

- 서비스 가입자들에게 동시에 자원 공유 기능을 제공하는가? 고객당 한 개의 클라우드 인스턴스만을 배포한다면 이런 업체는 아마도 진정한 퍼블릭 SaaS 또는 PaaS를 제공하고 있다고 하기 어렵다.
- 고객이 컴퓨팅 용량이나 저장 장소를 온-디멘드로 추가 또는 제거할 수 있는가? 진정한 클라우드 업체들은 두 가지 기능은 물론이고 셀프-프로비저닝을 위한 도구도 제공하고 있다.
- 고객의 데이터 사용량 정보를 제공하는가? 사용한 만큼 지불하는 유틸리티 가격 체계에서 사용량 데이터를 제공하지 못한다는 것은 "클라우드식 사고방식"이 부족한 것이고, 고객은 운영 최적화에 어려움을 겪을 수 있다.

기술 적합성

진정한 클라우드 업체를 파악했다면 애플리케이션 이행 지원, 모니터링 및 관리용 도구 등을 포함해서 해당 업체가 지원하는 기술들을 좀 더 깊이 있게 살펴볼 필요가 있다.

특정 클라우드 업체가 대규모의 재코딩 작업 없이 애플리케이션을 클라우드로 전환하는 데 필요한 기술과 운영 체제(윈도우 또는 리눅스 같은)를 지원하지 않는다면, 여러분 회사가 애플리케이션 재설계를 이미 계획하고 있거나 그렇게 함으로써 장기적 혜택을 얻을 수 있는 경우에만 이 업체를 선택해야 한다.

클라우드 업체가 자기만의 고유 기술을 주로 사용한다면(예를 들어

Salesforce의 Force.com은 자신들의 Apex 프로그래밍 언어만을 사용한다), 특정 업체에 종속될 위험을 무릅쓸 만큼 이 기능들이 기업의 비즈니스 요구와 필요를 충분히 해결할 수 있는지 검토해야 한다.

만약 업체의 클라우드가 기존 기술에 기반(Microsoft나 아마존처럼)해서 구축되어 있고 이미 널리 사용되고 있는 도구들과 통합되어 있다면, 개발자와 운영 인력들은 익숙한 도구들과 소프트웨어 개발 키트(SDK) 덕분에 그 클라우드 환경에 빨리 익숙해질 수 있다.

도입 비용

클라우드 컴퓨팅 가격 체계가 계속해서 진화하고 있기 때문에 현재 시점에서 상세 비용 비교를 하는 것은 매우 어렵다. 클라우드 업체 간의 가격 비교를 위해서는 다음 사항들을 고려해야 한다.

- 클라우드 업체가 컴퓨팅 자원, 저장소(스토리지), 그리고 네트워크 대역폭에 대해 어떻게 요금을 책정하는가?
- 클라우드 업체가 고객 지원에 대한 비용을 매기는가? 고객 지원 수준을 쉽게 추가/삭제할 수 있는가?
- SaaS 서비스의 사용자 계정을 설정하고 관리하는 데에 비용이 발생하는가?
- PaaS와 IaaS 업체가 새로 클라우드를 시작하는 고객을 돕기 위한 적절한 교육과 컨설팅을 제공하는가? 소프트웨어 개발 키트(SDK), 개발 도구 그리고 관련된 기술 자료들을 무료로 제공하는가?

여러분이 클라우드 이행에 따른 전체적인 비용을 산출할 때는 일반적인 네트워크와 네트워크 종단 서비스 업그레이드, 새로운 도구 또는 프로세스나 컨설턴트 비용 등과 같이 클라우드 업체 선정과 상관없이 발생하는 비용도 고려해야 한다.

보안 및 규제 준수

퍼블릭 클라우드로 서비스를 이행한다는 것은 기업의 비즈니스가 악의적 공격에 노출될 가능성이 높아진다는 것을 의미한다. 클라우드 업체가 기술적, 법적인 이슈 모두를 얼마나 잘 처리하는지, 또 여러분의 기업이 얼마나 영향을 받게 되고 그것이 어떤 문제를 야기할지를 판단하는 것은 매우 중요하다. 클라우드 업체를 선택할 때, 우리가 해주는 조언은 무엇을 위해 계약을 하는지, 무엇에 관여하게 될지를 이해하라는 것이다. 그리고 아래 사항들을 고려한다.

- 클라우드 업체가 데이터 센터를 보호하기 위한 적절한 물리적 통제 장치들을 갖추고 있는가? 직원들의 신원조회도 실시하는가?
- 침입탐지용 도구로 무엇을 사용하는가? 몰웨어(anti-malware)나 바이러스 차단 및 방지 서비스를 제공하는가?
- 컴플라이언스 목표 달성 여부를 감사하는 작업에 필요한 상세한 관리 로그나 관련 데이터를 제공하는가?
- 클라우드 데이터 센터와 서비스가 다음과 같은 인증 중 무엇을 확보하고 있

는가? ISO/IEC 27001, SOX, HIPAA, 또는 PCI/DSS나 SAS 70 Types I and II와 같은 감사 보고 수준을 확보했는가?

- 클라우드 서비스 업체가 저장되어 있거나 작업 중인 데이터의 암호화를 기본으로 제공하는가?
- 각국의 정부 규정을 준수할 수 있도록 데이터의 저장 장소의 지역적 위치를 선택 및 구성할 수 있는가?
- 보안 침해 사고에 대한 프로세스 및 규칙은 무엇인가?
- 침해 사고 발생 시 사용 고객에게 제공하는 통보 정책은 무엇인가?

법률적인 측면에서 본다면 클라우드 컴퓨팅에는 아직도 모호한 부분이 많다. 업체별 계약서에 포함된 의무 조항, 지역별 조건 등을 주의깊게 검토해야 한다. 나라별 법규와 규제를 준수해야 하는 책임을 클라우드 업체가 갖는지 시스템 통합자(SI) 또는 고객이 갖는지를 분명히 해야 한다.

또한, 클라우드 업체가 재정적인 혹은 법률적인 문제에 부딪혔을 때 무슨 일이 일어나게 될지 분명히 해두어야 한다. 여러분 회사의 운영에 영향을 주지 않도록 하는 안전장치는 무엇이며, 만약 영향을 받게 되는 경우에 의지할 수 있는 수단은 무엇인지 등을 명확하게 짚고 넘어가야 한다. 클라우드 업체가 제공하는 최소 의무사항들이 여러분의 필요를 충족시키지 못한다면 더 나은 조건을 보장받기 위한 협상이 필요하다.

인터넷의 공동 창시자인 빈트 서프를 비롯한 많은 사람들은 장기적으

---

2) "Vint Cerf: Very Concerned About Hacking Incidents." WSJ Video. http://live.wsj.com/video/vint-cerf-very-concerned-about-hacking-incidents/36F64FF9-FCDA-454C-9146-19848ED7AA8C.html#!36F64FF9-FCDA-454C-9146-19848ED7AA8C

로는 클라우드 업체들이 많은 기업과 조직들이 자체적으로 관리하는 것보다 훨씬 더 안전한 환경을 유지할 것으로 믿고 있다.[2] 그것이 가능한 이유로 보안에 대한 인식 확대와 중요성의 지속적 강조, 전문성의 강화 및 보안 관련 자동화 기술 및 프로세스 확대 등을 꼽는다.

기업의 클라우드 적합도

모든 클라우드 업체가 대기업에 적합하지는 않다. 클라우드 업체가 대상이 되는 기업 규모에서 생겨난 요구와 필요를 충족시킬 수 있을지를 확인하는 작업이 뒤따라야 한다. 이를 위해 다음과 같은 질문을 던져보자.

- 업체의 운영 능력을 입증할 수 있는 기록이 있는가? 기업 수준의 요건들을 지원할 수 있는 서비스 수준 협약(SLA)을 갖고 있는가(예: 99.9% 혹은 더 높은 수준의 서비스 가용성)? 하자 발생 시 적용할 수 있는 금전적 보상 규정이나 서비스 보상 규정이 서비스 수준 협약(SLA)에 명기되어 있는가?
- 대규모 사용자를 갖고 있는 기업 고객을 위한 특화된 지원 서비스나 고객 기술 지원 담당자를 제공하는가? 운영 책임을 정의하는 평가 기준의 개발을 위해 어떻게 고객과 협력하는가?
- 클라우드 업체의 고객 기술 지원 담당자가 스토리지의 I/O 속도를 고객에게 말해줄 수 있는가? 그렇다면, 스토리지의 I/O 속도가 클라우드 성능에 어떻게 영향을 주는지도 설명할 수 있는가?
- 어떤 종류의 관리 및 운영 도구를 제공하는가? 업체가 고객들이 원하는 상세한 수준의 정보를 얻을 수 있는 방법을 지원하는가?

▪ 업체는 몇 개 정도의 글로벌 데이터 센터를 보유하고 있는가? 콘텐츠 전송 네트워크(CDN) 서비스를 제공하는가? 지역적으로 분산된 사용자들의 응답 지연 이슈 해결을 위해 어떤 방법을 사용하고 있는가?

향후 로드맵

많은 클라우드 업체들이 자신들이 제공하는 서비스의 부족한 부분을 채우려고 노력하고 있다. 예를 들어, 주요 SaaS 업체들은 클라우드 환경으로 사용자 계정과 데이터를 이행하는 작업에 필요한 도구들을 만들고 있다. 또한 관리 도구 및 API도 계속 개선시키고 있다. 보안 및 컴플라이언스 요건을 충족시키기 위한 인증 및 테스트를 진행 중인 업체들도 있다. 역량 있는 클라우드 업체들이 향후에 추가하려고 계획 중인 새로운 기능들의 로드맵을 미리 살펴보는 것도 고객들에게 도움이 된다.

▪ 클라우드 업체가 자신들의 향후 로드맵을 공유하는 데 있어 개방적인가?
▪ 여러분이 필요한 기능을 포함시킨 개발 및 적용 계획을 얼마나 빨리 수립하는가? 새 도구와 기능을 구현하면서 여러분의 요구 사항을 고려했는가?
▪ 업체가 추가적인 API, 개발자 도구 키트 또는 컴포넌트 라이브러리를 만들 계획을 갖고 있는가?
▪ 어떤 종류의 이행 도구들을 사용하고 있는가? 여러분의 중기 혹은 장기 이행 작업에 적합한 도구 및 기능들이 계획에 포함되어 있는가?

클라우드 업체가 제공한 정보를 검증하는 한 가지 방법은 그 정보를 시험 적용해 보는 것이다. 위험도가 낮고 간단한 애플리케이션을 골라 두세 곳 정도의 클라우드 업체 플랫폼 위에서 파일럿을 해보는 방법이다. 이런 파일럿을 한다고 해도 업체 간의 가격과 기능에 대한 상세한 "일 대 일" 비교 데이터를 다 얻을 수는 없겠지만, 어떤 업체의 말과 행동이 더 일치하는지는 파악할 수 있을 것이다. 또한, 어떤 업체가 믿고 동행할 수 있는 파트너가 될 수 있는지 알 수 있다.

TO THE CLOUD

조직의
강화

　클라우드의 적용을 성공적으로 수행하게 되면, IT 부서의 업무 초점이 IT 인프라를 구입하고 지원하는 것에서 회사의 기술 투자를 위한 포트폴리오를 관리하고 비즈니스 혁신을 위해서 현업 부서들과 밀접하게 협력하는 쪽으로 옮겨가게 된다. 이런 과정을 통해 CIO는 업무 데이터의 수호자, 협력사들과 긴밀히 공조하는 현업 부서의 대변자, 그리고 회사의 기존 비즈니스 네트워크를 넘어서는 전체 비즈니스 시스템의 설계자로 격상하게 된다. 기업들은 클라우드로 인해 생겨나는 이런 변화들이 회사 전반에 가져올 연쇄 반응 및 효과에 대비하는 것이 필요하다.

클라우드 교육

클라우드 준비 상태를 평가하는 작업을 통해 기업의 개발자들과 운영 인력들의 관련 지식 및 이해 수준을 파악할 수 있다. 그리고 벌써 느꼈겠지만, 클라우드의 공감대 확산을 위한 전사 캠페인과 교육 과정에 관리자와 주요 이해 당사자들을 포함시키는 것이 매우 중요하다.

특히 향후 3~5년 내에 클라우드를 도입하기를 원하는 기업들은 아래 세 가지 분야의 교육에 투자가 필요하다.

- **기술 교육** 2일 간의 기술 교육 과정으로 운영을 위한 관리 도구에 관한 코딩 교육과 아키텍처 및 정보 보안에 대한 내용을 포함한다.
- **관리자 교육** 프로그램 및 프로젝트 관리자는 클라우드가 주는 장점, 클라우드 컴퓨팅의 기초 그리고 클라우드 이행에 최적화된 도구와 기술을 파악하는 방법을 이해할 필요가 있다. 대개 하루 정도 과정이면 충분하다.
- **경영진 교육** 이 교육의 목적은 조직 내 임원들 중 일부 그룹을 선택하여 클라우드 컴퓨팅을 전파하는 데 있다. 반나절 과정이면 충분하다.

Microsoft IT 부서는 대략 70% 정도의 시간과 자원을 기술 교육에, 20%는 관리자 교육에, 10%는 경영진 교육에 투자했다. 대부분의 기술 인력을 아웃소싱하는 조직이라면 이 비율은 달라질 수 있다. 적절한 투자만 있으면, 대부분의 기업은 2년 안에 전사 대상의 교육을 마무리할 수 있다.

클라우드 교육을 보완하기 위해 Microsoft는 윈도우 애저 샌드박스와 개러지 과학 페어(에필로그 참고)라는 프로그램을 만들어 냈고, 이를 통해 직원들이 가진 지식을 공유하도록 권장해왔다. 필자들의 경험으로는 우리가 습득한 경험의 공유를 통해(점심 도시락 세미나, 데모 및 웹 캐스트 등) 기업 내부에 자연스런 클라우드 논의를 촉발시킬 수 있었고, 우리가 진행하던 이행 프로젝트에 직원들의 많은 관심을 끌어들일 수 있었다.

클라우드 통제

클라우드를 수용하기 위한 조직 변환을 시도할 때는 통제(Governance) 이슈가 반드시 등장하게 되고 이에 대한 확보가 필수적이다. 자원 할당, 자금 투입, 프로젝트 우선순위 설정 등을 위한 정책이 필요하게 된다.

Chapter 2에서 장기적인 클라우드 도입 과정을 이끌 수 있고 관리자로 구성되어 부서 간 교차 업무 기능을 할 수 있는 팀의 구성을 제안했다. Microsoft IT 부서의 클라우드 도입 조정 위원회(Cloud Adoption Steering Committee)는 중요한 의사 결정의 지원, 위험 요소의 파악과 투자 우선순위 설정, 그리고 나머지 조직과의 의견 조정 등에 있어 중요한 역할을 했다. Microsoft IT 부서가 활용한 위원회의 조직 구조는 121페이지 그림과 같다.

CIO는 각종 장벽을 제거하고 의사 결정 시 막힌 곳을 뚫어주는 데 있어 핵심적인 역할을 한다. 특히 예산, 통제, 기술 구현 과정에서 일어나는 변화는 다른 부서에도 영향을 주게 되므로, 다른 부서장들의 지원과 참여가 필요하다. 다음에 거론하는 주요 임원들을 클라우드 조정 위원회에 참여시키는 방안을 찾아보도록 하자.

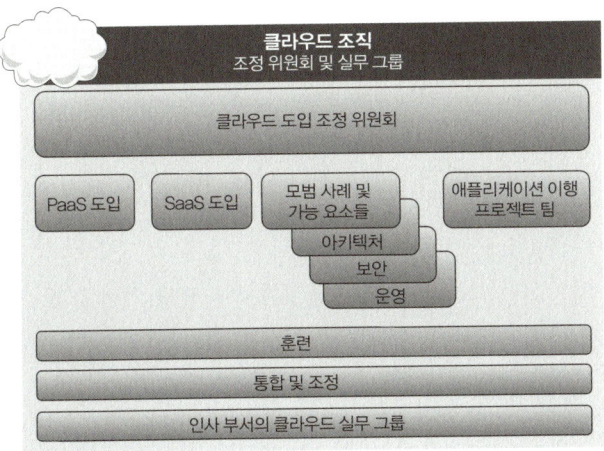

- **정보 보안 임원 및 스폰서** 정보 보안 책임자는 보안과 개인 정보 보호 관점에서 클라우드 도입에 따른 영향을 이해 및 분석하고 준비할 책임이 있다.

- **인사 담당 임원 및 스폰서** 운영 조직의 감축 가능성이나 역할 재정의/재조정 등 조직 구조와 인력 구성에 생길 수 있는 충격에 대비하는 것이 중요하다. 인사 담당 임원이나 스폰서가 이런 작업들을 주도해야 한다.

- **재무 담당 임원 및 스폰서** CFO 또는 IT 재무를 책임진 사람은 클라우드 실행 전략을 위한 적절한 자금 지원이 이뤄지도록 하면서, 기업이 정한 투자수익(ROI) 기준을 맞춰야 한다.

- **개발 및 운영 담당 임원 및 스폰서** 이들은 핵심 개발, 운영 기획 및 준비 업무를 이끌어가는 사람들이다.

- **전사 아키텍처 그룹** 이 그룹은 별도 부서일 수도 있고 가상의 팀일 수도 있는데, 클라우드 도입 과정에서 아키텍처 표준이 잘 지켜지도록 하는 역할을 한다. 이들은 기존 생태계와 IT 애플리케이션 및 시스템의 구조를 잘 알고 있

기 때문에 어디에 중점을 두어야 하는지 권고해 줄 수도 있고, 잠재적 장애 요소를 파악할 수 있다.

실무 그룹

조정 위원회는 클라우드 도입 과정을 구성하고 초점을 맞추는 작업에 관련된 많은 의사 결정을 하게 된다. 위원회의 핵심 역할과 관련된 실무 그룹들은 연구 및 분석 작업에서 충분한 가치가 발휘될 수 있다.

- **정보 보안** 보안 분야 전문가 그룹은 보안 통제(예: 다층 방어)에 포함되는 표준, 정책 및 절차, 코딩 또는 아키텍처 그리고 규정 및 개인 정보 보호에 관련한 고려 사항 등을 정의할 수 있다.
- **인사 관리** 이 실무 그룹은 실제 경험에 기반해서 역할 및 책임 소재 부분을 재정의하고 기존의 운영 업무를 클라우드로 이전하면서 발생할 수 있는 잠재적인 인원 감축 등의 조직 변경 방안을 제시한다.
- **재무** 이 실무 그룹은 예측 가능하고 일관성 있는 재정이 이루어질 수 있는 예산 수립 및 비용 청구 과정을 개발하고 투자수익(ROI) 목표와 성공 평가 지표를(KPI) 정의한다.
- **기술적 준비** 아키텍처, 개발, 그리고 운영 업무를 담당하는 직원들은 클라우드 패턴, 실행, 준비 상태를 분석하는 작업을 한다. 이들은 조직 전체의 기술 수준과 일관성을 증가시킬 수 있으며, Chapter 2에서 언급했던 공유 서비스 등을 이용해서 단순화할 수 있는 애플리케이션 및 시스템 분야들을 파악할 수 있다.

새로운 역할과 책임

클라우드를 적용한다는 것은 설계 작업과 시스템 구성, 하드웨어 구입 등 기존에 진행되던 많은 작업들을 없애거나 줄여서 궁극적으로는 IT의 역할을 축소하거나 없앨 수도 있는 새로운 차원의 자동화가 이루어지는 것으로 해석되어야 한다. 이를 통해 엔지니어들과 운영 인력들이 IT 인프라 관리 업무에 소비하는 시간은 줄어들고, 부가 가치가 높은 영역에 투입되는 시간은 증가할 것으로 예상된다.

CIO는 클라우드 도입으로 인해 조직이 어떻게 변모할지 파악하기 위해 인사 부서, IT 부서 및 다른 부서 관리자들과 협력해야 한다. 클라우드가 본격 도입되는 기업의 경우에는 지식 전수와 부서 간의 교차 업무 수행을 위한 훈련이 중요한 관심사로 떠오를 것이다.

- **인력 축소** 안정적이고 지속적인 IT 운영을 보장하기 위한 여러 가지 책임(업무)들이 클라우드 업체로 넘어가거나 아예 없어지게 되므로, 기존의 일부 역할은 중복 업무가 된다는 사실을 인정해야 한다. 인사 부서와 IT 부서 관리자는 협업을 통해 인력 감축 목표와 전략 그리고 비용 구조 등을 산출해내야 한다.

- **인력 확보 및 보상** 기업이 필요로 하는 기술을 가진 실무자를 확보하는 것도 큰 숙제다. 사내의 다른 자리로 옮기는 직원들에게 적절한 보상을 하는 방안을 강구하고, 경영진의 후원을 받아서 직원 성과 평가 항목에 클라우드 관련 항목들을 연계하는 방안도 고려해볼 만하다.

- **필요 자원의 확보** 외주를 생각하고 있는 업무에 적합한 업체, 판매자, 협력사 및 컨설턴트를 찾아서 직원들이 이들과 함께 원활하게 일을 하도록 하는 것이 중요하다.

성공적인 조직 변화는 결국 강한 리더십으로 귀결된다. 계속 앞서 나가기를 원하는 직원들을 설득하고 확보하기 위해서는 기업의 비즈니스를 이해하고 비즈니스를 지원하는 데 있어 IT의 역할 변화를 이해하는 것이 필수적이다.

개발과 운영의 통합

클라우드 컴퓨팅은 (개발 중심의) 엔지니어링과 운영의 경계를 모호하게 만들 것이다. 소프트웨어 개발자들은 좀 더 시스템 관리자와 운영자처럼 생각하고 행동하며, 반대로 시스템 관리자와 운영자는 개발자나 테스터 같이 생각해야 할 것이다. 운영 인력들이 갖춰야 할 기술들은 점점 늘어나는 대신 기술적으로 잘 무장된 소수정예의 인력만이 남을 것이다. 이런 새로운 환경 때문에 DevOps 방식이 빨리 성장하고 확대될 것이다.

DevOps 모델에서는 개발자가 가용성과 성능을 높이는 운영 패턴과 실행 사례에 관해 더 잘 이해할 수 있다. 반면에, 운영 인력은 프로그래머 정도의 수준은 아니지만 프로그래머들이 서비스를 만들기 위해 사용하는 기술들에 대한 기본적인 이해는 있어야 한다. 클라우드 API를 잘 이해하면 운영자들이 관리 작업을 자동화하는 데 도움이 될 수 있다.

DevOps 팀은 문제 해결에 있어서 책임을 공유한다. 심지어 개발, 품질 확보 및 운영 업무 모두가 한 팀으로 모아질 수도 있다. DevOps 모델을 이용하면 소프트웨어 개발 방식을 순차적인 워터폴 모델에서 더 민첩하고 반복적인 접근 방식으로 전환시켜서 확장성과 새로운 애플리케이션 기능을 요구하는 사용자 요구에 빠르게 대응할 수 있다. 다음 그림은 전통적인 방법과 DevOps 모델의 주요 차이점을 설명하고 있다.

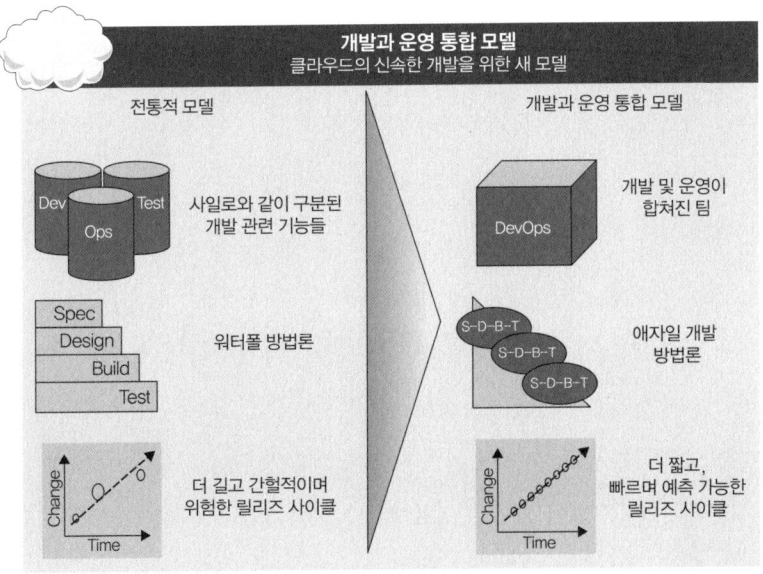

넷플릭스와 플리커 같은 웹 2.0 회사들은 자신들의 DevOps 모델의 경험을 책으로 출간했다. 2009년 열린 벨로시티 행사의 "10+ Deploys per Day: Dev and Ops Cooperation at Flickr"란 제목의 세션에서 존 올스포와 폴 해몬드는 플리커 팀이 하루 10회 정도의 서비스 배포 작업에 어떻게 DevOps 개념을 적용했는지 소개했다. 그들은 인프라의 배포를 자동화했고, 릴리즈를 위한 원스텝 빌드와 배포 프로세스를 만들고 릴리즈를 진행하는 동안의 문제 해결 조율을 위해 온라인으로 협업했다.

넷플릭스가 전체 웹 사이트를 클라우드로 이전한 내용을 다룬 "Moving Your Organization to Public Cloud"란 제목의 발표 자료에서(2011

년 4월), 아드리안 콕크로포트는 올스포와 해몬드가 DevOps에 대해 제시한 것과 동일한 결론을 내렸다. 운영 환경에서 동작하는 코드를 책임지는 개발자의 역할은 그대로 유지되고, 운영자의 역할은 프로세스 자동화를 위한 도구 및 코드를 만드는 쪽으로 전환되었다. 두 역할 모두 종합적으로 그리고 상호 간에 기여해야 할 부분이 있다. 이 모두를 성취하려면 더 수평적이고 협업이 원활한 IT 조직이 필수적이다.

대부분의 IT 그룹은 이미 릴리즈 관리 프로세스를 갖고 있다. DevOps는 개발 기간을 기존의 몇 주~몇 달에서 몇 주~며칠로 줄일 수 있는데, 이는 프로젝트 관리자나 릴리즈 코디네이터도 자신들의 업무와 책임이 변한다는 것을 알게 된다는 것을 의미한다. 작은 단위의 컴포넌트를 더 자주 발표하면 롤백이 훨씬 쉽기 때문에 실패의 위험을 줄일 수 있다.

아직 그런 경험이 없다면 SCRUM 같은 애자일(agile) 소프트웨어 개발 방법론을 살펴보기를 권한다. IT 직원 간의 협업 강화를 위해 업무 요건이나 인사고과의 평가 목표를 변경하는 방법도 고려해볼 만하다. 예를 들면, 클라우드 교육과 관련된 목표 중에는 "운영 엔지니어는 상세한 시스템 설계에 대한 실무 지식을 갖고 있음을 입증해야 함"이라든가, "소프트웨어 개발자는 자신이 개발한 애플리케이션의 운영을 위한 교대 근무(매 주마다, 매 월마다 혹은 분기마다)에 참여해야 함" 같은 조항 등을 포함하는 것이다.

TO THE CLOUD

도구와 프로세스의 개선

조정 위원회와 실무 그룹이 배치되면 이제 기존 정책 및 프로세스를 분석하는 작업에 착수할 준비가 된 것이다. 아래에 검토되어야 할 변경 사항들이 정리되어 있다.

클라우드 정책

클라우드 도입에 대한 비전이 더 뚜렷해지고 이행 계획 수립이 본격적으로 시작되면 다음 사항들의 클라우드 이행에 관련한 일정한 가이드라인의 설정을 고려해야 한다.

- 사업 부서에서 SaaS를 선택해야 하는 시점과 여기에 IT 부서가 관여하는 절차
- 클라우드 스토리지로 이동시킬/시키지 말아야 하는 비즈니스 정보 유형
- 저장되어 있거나 전송되는 정보를 보호하기 위한 최소한의 표준
- 준수할 애플리케이션 아키텍처 표준 또는 디자인 패턴
- 클라우드 상에서의 사용자 계정 및 계정 관리 방안

정보 보안 실무 그룹은 비즈니스에 위험 요소를 제공하지 않으면서 클라우드 도입을 진행하기 위해 표준과 정책 및 절차의 강화나 완화를 위한 적절한 방안을 제안해야 한다.

만약 조직이 아직 최고 보안 책임자(CISO)를 확보하지 못한 상태라면 그 역할 또는 유사한 역할을 신설하는 방안을 검토해야 한다. 클라우드 컴퓨팅으로 인해 기업 정보 보호와 관련된 업무들을 대내외적으로 노출할 필요가 증가하기 때문에, 만약 특정 관리자가 이 기능을 수행하고 있다면 보고 대상을 CIO로 변경하거나 CIO 역할에 직접 편입시키는 방안도 고려할 수 있다.

재무 프로세스 변경

클라우드 업체들은 자신들의 서비스를 제공하기 위한 서버와 여러 가지 고정 자산들을 보유하고 있다. 따라서 클라우드 업체에 IT 아웃소싱을 하면 장비 구입을 위한 자본 비용(CAPEX) 대신에 서비스에 대한 운영 비용(OPEX)이 발생하게 된다. 이 변화는 재무 프로세스에 몇 가지 이슈를 만들어낸다.

전통적으로 IT와 관련된 자본 비용(CAPEX) 예산 계획은 다년 계획으로 수립되는 반면에 운영 비용(OPEX) 예산 계획은 연 단위로 이루어진다. 오늘날 CIO는 기업이 필요한 IT 용량들을 단계적으로 구매하는 것이 일반적이다. 각 단계별로 얼마만큼의 비용이 소요되고 구매한 용량이 얼마 동안 자신들의 필요를 만족시킬 수 있을지를 알고, 그에 따라 예산을 적절하게 편성할 수 있다고 생각한다. 그러나 이런 방식의 예산 계획 수립은 클라우드에서는 더 이상 의미가 없다. 저장 공간의 증가와 같은 운영 요소들이 운영 비용 구조에 어떤 영향을 줄지를 예측해야 하기 때문에 CIO는 다년 계획의 운영 비용 계획을 수립해야 한다. 그리고 이 예측 작업은 시간이 지남에 따라 월별 혹은 분기별 측정이 점점 더 쉬워진다. 하이브리드 환경에서의 예산 수립 과정은 온-프레미스 데이터 센터에 필요한 자본 비용과 클라우드에 관련한 운영 비용 예산 계획을 모두 짜야 하므로 훨씬 더 복잡해진다.

CIO는 저장 용량 및 네트워크 대역폭 요구 사항과 같은 운영 요소들의 변화의 속도와 크기가 얼마나 변하는가가 클라우드 업체가 청구할 비용 규모를 결정한다는 사실을 이해해야 한다. CIO가 가용한 용량(즉, 공급) 한도 안에서는 어느 정도까지 변화의 비율을 조절할 수 있지만, 비즈니스 필요(즉, 수요)에 의해서 자율적으로 움직이는 변화의 규모와 속도는 통제할 수는 없다. CIO는 조직 내부의 비즈니스 파트너들이 클라우드의 사용량 변화에 따라 IT 비용에 어떤 영향이 생기는지를 이해하도록 도와줄 필요가 있다. 그리고 사용량 변화에 따른 비용의 증감과 속도 변경에 따른 비용 변화를 분리해서 트래킹할 수 있어야 한다.

IT 예산의 비중을 자본 비용에서 운영 비용 중심으로 전환할 때 발생할 수 있는 이슈들을 예측하고 분석하는 데 재무 부서가 도움을 줄 수 있다. 발생할 수 있는 이슈들의 예를 들어보면 다음과 같다. 기업 내부에서는 한 사업 부서가 구매했거나 사용하고 있는 IT 자원들을 다른 부서가 일정 비용을 지불하고 인수하는 방법 – 회사 내부 부서 간의 자산 이동 – 이 자주 사용된다. 회사 내부에서 서비스되는 애플리케이션의 경우에는 비용 지불 정책은 있지만 실제는 비용 발생을 수반하지 않는 경우가 많기 때문에 회사 내부의 정책에 따라 애플리케이션 비용을 부서별로 일정하게 나누기도 한다. 이미 사용했거나 예약한 용량에 대해서만 비용을 정확히 지불하고 애플리케이션별 정확한 사용 비용을 트래킹할 수 있는 기능을 제공하는 가변적 비용 체계로 전환된다. 가변적 비용 체계로의 전환은 운영 비용 관리에 투명성을 제공할 수 있다. 이로 인해 지금까지 현업 부서들이 불필요한 항목도 포함해서 예산을 잡던 이른바 "예산 뻥튀기" 관행을 없앨 수 있기 때문에, 재무 부서와 IT 부서가 예산 수립과 IT 자산의 회사 내부 부서 간 이전 등에 대한 정책 및 규정을 대규모로 수정해야 하는 상황이 발생할 수도 있다는 것을 의미한다.

재무와 관련된 핵심적인 질문은 다음과 같다.

- 클라우드 이행을 위한 자금을 스스로 조달할 수 있는 방법이 있는가?
- (클라우드) 이행의 속도를 높이기 위해 교육 및 컨설팅에 얼마나 투자할 수 있는가?
- 예정되어 있는 주요 IT 인프라 신규 도입까지는 얼마나 남았는가? 클라우드 이행에 얼마나 많은 예산을 할당할 수 있는가?
- 클라우드 기반 서비스를 회사 내부 부서에 판매하는 방법이 효과적으로 작

동할 수 있을까? 회사의 기존 IT 재무 방식을 감안하면 얼마나 큰 변경이 필요할까?

주의 깊게 살펴봐야 하는 예산 관련 항목은 기대치 대비 실제 사용량이다. 어떤 경우에는 클라우드로 이행된 특정 애플리케이션이 예상 못한 수준의 많은 사용량을 보일 수도 있다. 기업의 핵심 업무를 중심으로 하는 사용 측정 기준 항목(혹은 표준)들과 예산 책정 항목들을 긴밀하게 엮으면, 초기에 예상한 것보다 많은 수요를 가진 애플리케이션에 자동 확장 기능을 허용할지 여부를 결정하는 데 도움이 된다. 사용량의 증가는 비용의 증가로 이어지기 때문에 이런 준비 작업은 가능한 빨리 이루어지는 것이 바람직하다.

또한 이런 대화를 CFO 또는 재무 부서 담당자와 나눠야 한다. 재무 부서와 협력함으로써 IT 부서와 재무 부서가 이런 변화에 대비해 체계적으로 협력할 수 있다.

개발 프로세스 변경

클라우드에서의 운영은 간편하고 비용 구조도 낮은 환경을 만들어 줄 수 있다. 따라서 기업들이 운영 환경을 클라우드로 이행하면 운영 부담을 줄이면서 각종 도구 및 통합된 서비스도 활용할 수 있기 때문에 혁신의 수준과 속도를 높이는 데 있어 유리한 위치를 점할 수 있다.

반복적인 프로세스를 활용해서 애플리케이션 이행 또는 구축용 프레임워크를 만들면 클라우드 기반의 개발 작업을 빠르고 단순하게 만들 수 있다. 이 프레임워크는 아키텍처 설계, 보안 방법(코드 리뷰와 같은), 규정과 규제 준수 및 그 밖의 관련 요소들까지 포함하는 전체적인 워크플로우를 가지고 있어야 한다. 또한 이 프레임워크는 클라우드 사용에 관한 회사 정책, 템플릿과 프로젝트 상태 및 위험 요소를 관리할 수 있는 점검 항목을 가지고 있어야 한다. 마지막으로, 비즈니스의 민첩성은 클라우드를 도입하는 주요 이유이므로 이 프레임워크는 빠른 애플리케이션 개발 작업에 도움이 되어야 한다. 하지만, 이것은 기존의 관료적인 프로세스를 버려야 하므로 어떤 기업에게는 만만치 않은 도전이 될 것이다.

클라우드 도구들

기업이 클라우드 업체를 선택할 때는 직원들에게 익숙한 기술을 지원하는 업체를 선택할 가능성이 높다. 이 경우 개발자들은 이미 클라우드 기반 애플리케이션의 개발용 도구를 사용해 보았거나 알고 있을 가능성이 높다. 많은 클라우드 업체들은 서비스용 애플리케이션의 개발을 쉽게 해주는 전용 도구 및 키트를 제공한다. 예를 들어 윈도우 서버와 윈도우 애저의 핵심 프로그래밍 언어 및 모델은 동일하지만, 윈도우 애저는 비주얼 스튜디오와 연동된 전용 소프트웨어 개발자 키트(SDK)를 제공한다.

클라우드 서비스를 모니터링하기 위해서는 온-프레미스와는 다른 도구 혹은 접근 방식을 사용해야 한다. 업체마다 다 다르고 사용되는 기술에 따라 달라지는 클라우드 모니터링 도구들을 어떻게 기업의 애플리케이션에 연계할 수 있을까? 클라우드 교육 및 파일럿을 통해 여러분의 팀이 필요로 하는 기술과 도구를 파악할 수 있다.

Summary 요약

- 클라우드 도입 방식은 점진적 방법, 균형적 방법 그리고 공격적 방법으로 나눌 수 있다. 각 방법을 선택하는 기준은 클라우드의 도입 속도를 얼마나 빨리 할 것인가, 중앙 집중식 혹은 분산 방식 중 무엇을 채택할 것인가, 그리고 하향식 또는 상향식 중 어떤 관리 방법을 선택할 것인가 등이다.

- 기업들은 파일럿 프로젝트를 통해 클라우드와 관련된 기술적 지식의 간극을 줄일 수 있으며, 기대했던 가치와 장점이 현실화될 수 있는지 여부를 테스트할 수 있다. 더불어 클라우드 이행에 따른 비용 절감 데이터를 얻을 수 있다.

- 파일럿 프로젝트는 적당하게 복잡하면서 소규모 혹은 중간 정도의 수요를 가진 애플리케이션 한두 개를 대상으로 시작하는 것이 바람직하다. 클라우드 환경에서 이 애플리케이션들을 운영하면 어느 정도의 비용이 발생하는지 파악하기 위해서 테스트 과정에 해당 애플리케이션들의 한계 이상으로 업무 부하를 주는 시나리오를 포함하는 것이 필요하다.

- 클라우드 업체들이 제공하는 서비스 종류, 사업 기간, 비즈니스 프로세스의 성숙도, 계약 및 서비스 수준 협약(SLA)의 완성도, 그리고 영업 대표들이 얼마나 명확하고 완벽하게 질문에 답하는지를 고려해서 업체를 선정하는 것이 좋다.

- 클라우드 업체들의 현재 그리고 향후 보유 예정인 기술들이 기업의 비즈니스 필요와 요구를 충족시켜주는 "진정한 클라우드 업체"를 선택하라. 그리고 이 업체의 가격 체계를 기준으로 해서, 기업의 포트폴리오에 포함된 애플리케이션들을 클라우드에서 운영할 때 얼마나 많은 비용이 발생할지 면밀히 분석해야 한다. 클라우드 업체가 보안과 관련된 기술적, 법률적인 사항들을 얼마나 잘 다루는지 이해하고, 여러분 회사와 비슷한 규모의 회사들이 가진 요구 사항을 얼마나 잘 충족시키는지 확인해야 한다.

- 적절한 투자가 따라준다면, 대부분의 기업은 조직 전체를 2년 안에 훈련시킬 수 있다. 대략 70% 정도의 시간은 기술적 훈련에, 20%는 관리자 계층, 그리고 10% 정도는 비즈니스의 이해 관계자들 교육에 할당하는 것이 바람직하다.

- 자원 배정, 예산 지원, 그리고 프로젝트 우선순위 설정 업무들을 효과적으로 다룰 수 있는 정책을 펼치기 위해서는 클라우드의 통제(Governance)가 중요하다. 조정 위원회와 실무 그룹의 유기적 연계를 통해 이 프로세스를 관리할 수 있다.

- CIO는 클라우드 도입이 조직에 가져올 변화들을 – 인력의 감축 또는 역할 변경 – 판단하고 적절한 대안을 수립하기 위해 인사 부서, IT 부서 등 관련 부서 관리자들과 협력해야 한다.

- 클라우드 도입을 위한 표준, 정책 및 절차를 수립해야 한다면 클라우드 컴퓨팅이 기업의 재무와 개발 프로세스에 어떤 영향을 줄지를 이해하는 작업이 선행되어야 한다.

- DevOps 모델에서 소프트웨어 개발자는 운영 패턴과 실제 적용 사례를 이해해야 하고 운영 인력은 프로그래머들이 서비스를 개발하는 데 사용하는 기술들을 알아야 한다. DevOps 모델은 기존에 많이 사용되던 워터폴 방식의 소프트웨어 개발을 더 민첩하고 반복적인 접근 방식으로 바꾸어준다.

TO THE CLOUD

CHAPTER · 4

실행하기

많은 기업들이 도입한 기간도 오래되고 종류도 다양한 하드웨어와 소프트웨어로 얽히고 설킨 이기종 환경을 관리하느라 많은 고생을 하고 있다. 일관성 없는 IT 시스템 환경과 구성은 쉽게 확산되는 경향이 있으며, 써드 파티 업체의 솔루션을 도입하기 위해 체결한 장기 계약은 업체 변경을 어렵게 만든다. 시간이 갈수록 IT 부서는 개별 애플리케이션을 도입하고 관리하는 데 대부분의 자원을 사용해야 하는 상황에 빠지게 된다. 결과적으로 IT 부서의 개발팀이나 운영팀은 현업 부서들이 필요로 하는 기능들을 제공할 수 있는 새롭고도 더 나은 방법을 찾는 일에는 많은 시간과 노력을 할애하지 못하게 된다. 이런 문제들의 해결 방법으로 클라우드 서비스를 활용하기 위해서는 솔루션 아키텍처, 설계, 실행과 운영에 대해 지금까지와는 다른 방식의 생각과 접근이 필요하다.

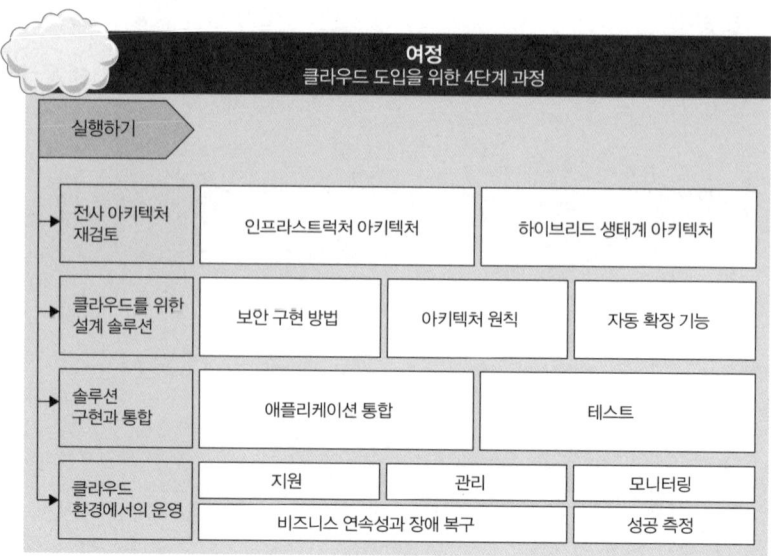

엔터프라이즈 아키텍처의 검토

TO THE CLOUD

클라우드 환경에서는 IT 부서가 현업 부서의 업무에 사용되고 있는 다양하고 복잡한 기능들을 가진 개별 애플리케이션의 포트폴리오를 관리하는 일에만 집중해선 곤란하다. 대신 정보, 서비스 및 프로세스 요구사항들이 집중되는 곳이 어딘지를 알기 위해 전체 IT 시스템을 들여다보아야 하고, 이를 통해 IT 부서는 더 높은 효율성, 비용 절감 및 비즈니스의 속도를 높일 수 있을 것이다.

인프라스트럭처 아키텍처

클라우드 환경에서는 개발자들이 특정 애플리케이션이나 서비스의 급증하는 수요 처리를 위해 스케일-아웃을 준비할 때 새 서버를 주문하고 서버의 배달을 기다리는 일은 더이상 필요 없지만, 얼마나 많은 서버를 사용하는지에 대해서는 계속 주의를 기울여야 한다. 클라이언트/서버 모델에 적용된 설계 원칙들 – 서비스 지향 설계, 적절한 계층으로 애플리케이션 컴포넌트 분산, 적절한 데이터 스키마 설계 등 – 과 유사한 설계 원칙들을 클라우드 스케일 – 아웃에도 적용하는 것이 필요하다. 확장성의 장점을 최대한 살리려면 일부 애플리케이션들이 따르고 있는 소위 "통 구조(모노리틱)" – 사용자 인터페이스(UI), 비즈니스 로직과 데이터가 모두 통합되어 있는 – 대신에 애플리케이션 로직을 모듈화하고 느슨하게 연결하는 설계 방법이 필요하다.

온-프레미스 최적화

고가용성과 장애 대책을 고려해서 설계된 온-프레미스 시스템은 클라우드 컴퓨팅에 적합한 아키텍처 원칙들이 이미 적용되어 있을 가능성이 높다. 클라우드로의 이행 과정에서 문제가 될 가능성이 높은 2개의 온-프레미스 하위 영역들 – 네트워크 대역폭과 공유 서비스 – 을 사전에 검토하는 것이 중요한데, 그 이유는 이 영역에 투자하는 것이 클라우드 도구와 애플리케이션에 투자하는 것만큼 중요하기 때문이다.

■ **네트워크 대역폭** 애플리케이션들이 퍼블릭 클라우드로 이행되면, 현재는 사내망을 통해 처리되는 사용자와 애플리케이션 간의 LAN/WAN 트래픽이 인터넷 트래픽으로 바뀌게 된다. 애플리케이션의 내부 코드나 비즈니스 로직을 변

경하는 방법을 사용하면 응답 지연시간이 증가하는 문제를 어느 정도 해결할 수 있지만, 만약 온-프레미스의 네트워크 트래픽이 속도 저하를 일으키는 원인이라면 애플리케이션이 요구하는 성능을 충족할 수 있는 수준으로 네트워크 속도를 높이는 것이 필요하다. 한 예로, Microsoft 내부에서 웹 프록시 서버가 네트워크 병목 현상의 원인으로 파악된 후 Microsoft IT 부서는 인터넷 네트워크 대역폭을 최적화하기 위해 웹 프록시 서버를 업그레이드했다.

▮ **공유 서비스** 기업이 운용 중인 애플리케이션 중에는 사용자 계정 통합 관리 시스템 같은 공유 인프라 서비스를 사용하는 경우도 많을 것이다. 네트워크 대역폭 사례에서 언급한 것처럼, IT 부서는 클라우드 기반 애플리케이션에서 발생할 수 있는 추가적인 작업 부하를 줄이기 위해서 이런 종류의 공유 서비스들을 많이 활용할 필요가 있다. 그리고 공유 테스트 환경이나 온-디맨드 가상 머신(VM) 서비스를 이용하는 기업들은 이 서비스를 클라우드에서 호스팅하면 더 큰 효과를 얻을 수 있다.

다음은 온-프레미스 인프라에 영향을 줄 수 있는 잠재적 요소들이다.

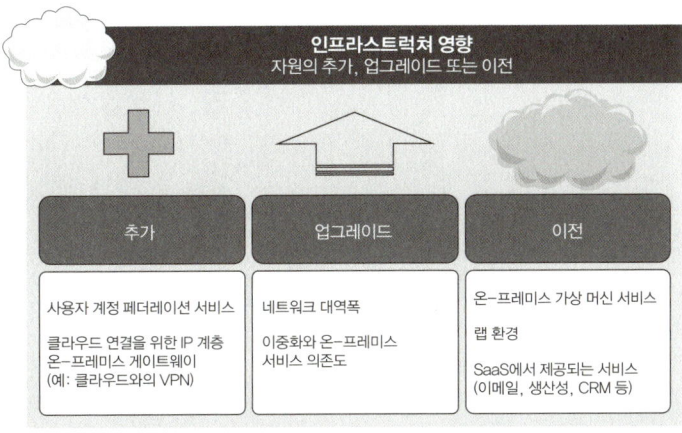

여러분이 기업의 네트워크 형태를 분석할 때, 네트워크 내부에 단일 장애 지점[1]이 생기는 것을 방지할 수 있도록 충분한 이중화 대책이 있는지 검토할 필요가 있다. 인터넷 연결이 끊어지면 방화벽 내부에 있는 사용자들은 퍼블릭 클라우드에서 운영되고 있는 애플리케이션을 사용할 수 없기 때문에, 이중화가 충분치 않거나 없는 곳에는 이중화 대책을 마련해야 한다. 예를 들어 온-프레미스에서 운용되는 사용자 계정 통합 관리 시스템이나 다른 공유 서비스들이 클라우드가 도입된 환경에서 단일 장애 지점이 될 수 있는 가능성에 대해 사전에 검토하고 분석하는 작업 등이 여기에 해당한다.

기업이 대부분의 IT 시스템을 클라우드로 이전한다면, 일부 인프라 요소에 대한 투자는 계속된다고 하더라도 물리적 서버의 구매 물량을 상당 부분 줄이거나 심지어는 중단하는 것도 가능하다. 이미 투자가 이루어진 IT 자산 항목들의 재무적 영향을 경감시키는 한 가지 방법은 애플리케이션이 운영되고 있는 오래된 서버를 교체하지 말고 대신에 해당 애플리케이션을 클라우드 이행의 대상 후보로 지정하는 것이다. 이메일 또는 협업과 같은 인프라 서비스를 클라우드로 이전할 때도 같은 방법을 적용할 수 있다.

클라우드 인프라스트럭처 서비스의 영향

일부 클라우드 플랫폼에선 개발자들이 시간과 노력을 절약할 수 있도

---

[1] 역자 주: 문제가 생기면 전체 시스템에 영향을 주거나 장애를 일으킬 수 있는 시스템 구성 요소나 지점. 시스템 간 공유되는 네트워크나 저장 장치 등이 주로 해당된다.

록 개발 과정에서 플러그-인 작업만으로 사용할 수 있는 캐싱 등의 통합된 인프라 서비스를 제공한다. 응답 지연시간이 늘어나는 문제의 해결 방안으로 클라우드 캐싱을 사용하는 것도 좋은 대안이 될 수 있다. 사용자 계정 관리, 엔터프라이즈 서비스 버스, 워크플로우 그리고 메시징 통합 같은 서비스들을 활용하는 것도 인프라 비용을 줄이는 데 도움이 된다.

점점 더 많은 클라우드 플랫폼들이 자동 확장을 기본적인 핵심 서비스로 제공하기 시작하면서, 애플리케이션 확장 단위를 생성하고 구성하는 작업은 아주 간단한 일이 되었다. 작업 처리에 필요한 컴퓨팅 용량을 확보하기 위해 한밤중에 하던 배치 처리 작업도 낮 시간에 확장 가능한 용량을 사용할 수 있도록 수정하면 실시간 데이터를 제공할 수 있게 된다. 입출력이 아주 많은 애플리케이션은 수요가 급증하는 시점이 되면 자동으로 새로운 확장 단위를 추가해서 업무를 지원하다가 더 이상 필요 없는 시점이 되면 자원(인스턴스)들을 반환할 수 있다. 이 모든 경우에 기업은 미리 예약했거나 실제로 사용한 자원 항목에 대해서만 비용을 지불하면 된다.

하이브리드 생태계 아키텍처

대기업 규모의 운영을 전체적으로 온-프레미스 아키텍처에서 클라우드 전용으로 바꾸는 경우는 거의 없을 것이다. 대기업으로 분류될 수 있을 정도의 많은 직원과 매출 규모를 가진 기업이라면 기존 애플리케이션과 관계형 데이터베이스에 방대한 데이터를 축적해왔을 것이다. 이들 기능 중 일부를 클라우드로 이식하는 작업은 가치가 있겠지만 어느 정도의 수정 작업은 반드시 필요할 것이다.

하이브리드 애플리케이션 생태계를 필요로 하는 시나리오를 두 개 정도 살펴보자.

▎**일부 서비스는 온-프레미스에 남기고 클라우드로 이전한 애플리케이션들**
예를 들어 애플리케이션 X를 클라우드로 이행했다고 가정하자. X는 애플리케이션 Y와 계속 통신을 하고 애플리케이션 Z라고 불리는 이메일 서비스를 사용하지만, Y와 Z는 클라우드로 이전하지 않는다. 아마 이 시나리오는 대부분의 기업에 해당될 것이다.

▎**클라우드와 온-프레미스 환경 모두를 지원해야 하는 애플리케이션 아키텍처**
비즈니스 로직과 프레젠테이션 계층은 클라우드로 이행하고 데이터베이스는 온-프레미스에 남기는 경우가 여기에 해당된다. 이 시나리오는 사용자의 선택에 의해 결정된다. 초기에는 특정 애플리케이션 컴포넌트들만 온-프레미스에 남겼다가 점차적으로 다 클라우드로 이행시키는 과도기적인 시나리오라고 할 수 있다.

매우 민감한 고객 정보를 수집·관리하고 이용하는 기업들은 모든 데이터를 클라우드 스토리지로 옮길지 여부를 결정하기에 앞서 클라우드 서비스의 보안과 신뢰성 테스트에 많은 시간과 노력을 들여야 한다. 일부 기업은 사용자들에게 애플리케이션 접근성을 제공하거나 콘텐츠를 보여주는 업무에는 클라우드 서비스를 이용하고, 데이터는 온-프레미스에서 계속 운영하는 방식을 선택하기도 한다. 클라우드 수요 폭증, 백업,

장애 복구, 그리고 오류 복구 등이 추가적인 하이브리드 시나리오에 포함된다.

　애플리케이션을 하이브리드 아키텍처로 배포하면 응답 지연시간 관련 이슈가 발생할 가능성이 높아진다. 서버들이 온-프레미스에서 운영되고 LAN 환경에서 통신이 이뤄지며 모든 컴포넌트들이 같은 데이터 센터에 위치하는 환경에서는 애플리케이션이 응답 지연시간 문제에 영향을 받을 가능성이 적기 때문에, 개발자나 운영 인력들은 응답 지연시간의 최적화에 대해서는 크게 신경 쓰지 않을 것이다.

　이전에는 전혀 문제가 되지 않았던 이슈들도 하이브리드 시나리오에서는 중요한 이슈로 등장하기도 한다. 예를 들어 스카이프나 페이스북처럼 사용자 트랜잭션이 많거나 하이브리드 컴포넌트 간에 많은 데이터가 오가는 애플리케이션들은 최종 사용자가 성능 저하 이슈를 경험할 가능성이 높다. 애플리케이션 컴포넌트들이 지역적으로 멀리 떨어져 있거나 사용자가 인터넷으로 접근하는 경우에는 응답 지연시간 이슈가 커질 수 있다는 점을 알아야 한다.

　웹 서버와 SQL 서버가 운영되는 환경이 응답 지연시간이 거의 발생하지 않는 기업 내부의 LAN 영역에 있는 데이터 센터이기 때문에, 데이터베이스 서버의 트랜잭션 처리를 위해 필요한 SQL 라운드 트립[2] 횟수에 대한 고려 없이 설계된 온-프레미스 애플리케이션이 하나 있다고 가정해 보자. 이 애플리케이션의 데이터베이스는 온-프레미스에 놔두고 사용자 인터페이스(UI) 계층만을 퍼블릭 클라우드로 이행하게 되면 인터

---

2) 역자 주: 애플리케이션이나 통신 프로그램에서 서로 다른 개체들이 작업 처리나 통신을 하기 위해 주고받는 요청과 응답

넷의 응답 지연시간 증가로 인해 성능 저하가 발생하고 데이터 사용량이 늘어나 기업이 클라우드 서비스 업체에게 지불해야 하는 비용이 증가하게 된다.

또한 하이브리드 아키텍처로 인한 보안 관련 고민도 늘어난다. 클라우드와 온-프레미스 간의 통신이 퍼블릭 인터넷을 통해 이루어지기 때문에 통신망의 보안이 반드시 이루어져야 한다. 이를 위한 보안 대책의 하나로 SSL(Secure Sockets Layer)와 인증서 기반 사용자 인증을 표준 설계 방침으로 사용해야 한다. 일부 클라우드 업체들이 제공하는 통합 서비스에는 보안을 강화하기 위해서 IP 보안이나 암호화 기술이 사용되기도 한다.

하이브리드 아키텍처 환경에서는 관리/기술 지원 관련 이슈들도 생길 수 있기 때문에, 관리 도구가 클라우드와 온-프레미스에 위치한 컴포넌트들의 시스템 상태를 한눈에 파악할 수 있도록 확장되어야 한다. 더불어 발생한 문제들의 근본적 원인이 클라우드에 있는지 아니면 온-프레미스에 있는지를 파악할 수 있는 분석 절차와 방법론도 준비되어야 한다.

TO THE CLOUD

클라우드를 위한
설계 솔루션

기본적인 코딩 기법은 동일하지만 클라우드용으로 개발할 때는 보안, 테스트 및 애플리케이션 아키텍처에 있어서 중요한 차이점이 있다.

보안 구현 방법

클라우드 기반 애플리케이션은 기업의 방화벽 외부에 위치하게 되고, 공격에 노출되는 부분도 많아지기 때문에 보안과 규정/규제 준수에 대한 고려가 더욱 중요해진다. 언론에 자주 보도되고 있는, 사용자 정보나 중요 정보를 빼내기 위한 해킹 시도나 사고 소식을 접한 기업 고객들은 클라우드 서비스 도입이 조심스러울 수밖에 없다. 그리고 점점 보급률이 증가하고 있는 휴대폰과 같이 보안성이 떨어지는 장비들로 클라우드 애플리케이션을 사용해야 하는 상황이 늘어나면 보안에 대한 우려는 한층 더 높아지게 된다.

보안은 예술과 과학이 결합된, 돈도 많이 들고 깊은 이해와 전문적 기술이 필요한 주제라고 할 수 있다. 그래서 우리는 클라우드와 관련된 보안 이슈들에 집중하고자 한다. 아래 도표는 기업이 해결해야 하는 중요한 보안 관련 질문들이다.

영역	질문 항목
정책과 표준	클라우드 환경이 도입되면, 어떤 정책과 표준이 변경되어야 하는가? 써드 파티 업체가 소유하고 관리하는 클라우드 인프라에 어떻게 여러분 기업의 정책과 표준을 적용할 것인가? 여러분 기업이 선택한 클라우드 업체의 환경이 보안 통제와 제어를 위한 ISO(International Organization for Standardization) 표준과 COBIT(Control Objectives for Information and related Technology) 같은 기존의 표준과 프레임워크를 준수하는가?
설계	어떻게 클라우드에 있는 데이터와 애플리케이션을 안전하게 보호할 것인가? 여러분 기업의 사용자 계정 접근 관리 아키텍처가 클라우드 환경에 적합한가?
개발	어떻게 기존의 설계 검토 프로세스를 수정·보완해서 클라우드에 적용되는 보안 요구 사항들을 지원할 수 있도록 만들 것인가? 추가해야 하는 코드 검토 영역은? 테스트 시나리오와 대상은? 어떻게 클라우드의 개발과 테스트 환경을 안전하게 보호할 것인가?
운영	네트워크가 클라우드로 확장되는 경우에, 어떻게 기업 네트워크를 안전하게 보호할 것인가? 여러분이 선택한 업체의 클라우드 관리 인프라가 안전한지 보증할 수 있는가? 클라우드에서 보안을 모니터링하는 방법은? 그리고 하이브리드 환경의 모니터링은?
사고 처리 및 지원 능력	클라우드 환경을 위한 보안 사고 대응 규칙을 어떻게 수정 및 보완할 것인가? 보안 사고 관리를 위해 어떤 방식으로 클라우드 업체와 협력할 것인가? 이를 구체적으로 명시하고 있는 서비스 수준 협약(SLA) 항목은?

앞서 논의한 것처럼 IaaS나 PaaS 업체를 선택하는 기준은 클라우드 업체들이 자원을 얼마나 안전하게 보호할 수 있는지, 기업이 가진 보안 표준을 충족시킬 수 있는지, 그리고 기업의 정책을 유연하게 접목할 수 있는지 등이어야 한다. 어떤 업체들은 클라우드 기반 애플리케이션에 사용자 인증 및 권한 관리 기능을 넣을 수 있는 턴키 옵션을 제공하기도 한다.

정보를 안전하게 보호하는 것은 클라우드 업체, 기업의 IT 부서 그리고 사용자들 모두의 몫이지만 보안을 확실히 하는 일은 체계적인 개발 작업에서부터 시작되어야 한다. 클라우드에 있는 기업의 정보 자산을 보호하기 위해 IT 부서와 소프트웨어 개발 부서는 표준 보안 프로세스와 제어 방법을 사용할 수 있다. 민감한 데이터를 한 서버에서 다른 서버 혹은 웹 브라우저로 전송할 때, SSL(Socket Secure Layer) 암호화 방식을 사용하는 것이 좋은 사례이다.

파일의 암호화는 저장 중인 데이터 보호에 도움이 된다. 클라우드 업체는 다양한 암호화 기술들을 만들고 있는데, 일부는 자신들이 제공하는 서비스에 기본으로 포함되기도 하고 어떤 암호화 기술은 운영 체제에 포함된 것을 사용하기도 한다. 예를 들어 아마존 EC2에서 실행되는 윈도우 기반 가상 머신은 윈도우 서버에 내장된 EFS(Encrypting File System) 기능을 이용해서 파일을 암호화한다. 클라우드 테이블 스토리지나 BLOBs(binary large objects)의 경우에도 이와 유사한 방법이나 고객 환경에 맞게 수정된 암호화 기법을 사용할 수 있다.

그런데 암호화 기술을 사용하면 보안 키 관리라는 또 다른 보안 문제가 야기될 수 있다. 따라서 보안 키가 노출되는 것을 방지하기 위한 절차를 수립하려면 암호화 솔루션들이 어떻게 키를 관리하는지를 이해하는 작업이 선행되어야 한다.

많은 클라우드 업체들은 사용자들이 자신들의 API를 사용할 수 있도록 허가해 주는 일정한 형태의 개발자 증명서 – 접근 키와 인증서로 구성된 – 를 사용한다. SQL 서버 같은 백-엔드 시스템에 접속하기 위해서는 유사한 사용자 인증 증명서가 필요한데, 이때 사용되는 키 값과 암호는 암호화되어 안전한 장소에 보관된다. 그리고 백-엔드 서버와 통신을 할 때 임시로 키와 암호를 풀어서 메모리 공간에만 저장한다.

지금까지 사용자 계정 관리의 중요성을 계속 이야기했는데, 최소한의 필요 권한만을 사용자에게 허가하는 것도 중요한 보안 통제 및 실천 항목이다. 또 다른 보안 통제 항목으로는 주기적인 암호 재설정, 클라우드 암호를 갖는 인원의 제한 그리고 이중으로 구성된 사용자 인증 방식의 채택 등이 포함된다.

마지막으로 "애플리케이션 주변"을 안전하게 보호하는 방법을 생각해보자. 일부 클라우드 업체는 방화벽 서비스를 제공하기도 한다. IaaS 환경에서 운영 관리자는 가상 머신상의 운영 체제에서 실행되고 있는 소프트웨어 기반의 방화벽도 사용할 수 있으며, PaaS에서도 유사한 기능들을 쓸 수 있다. 표준 IP 필터링 기술을 사용하면 기업의 보안 정책과 네트워크 접근 제어 리스트(ACLs)를 기준으로 네트워크에 들어오는 트래픽을 제한할 수 있다.

코드 검토

최근의 기술 관련 뉴스들은 웹 서비스나 온라인 계정이 해킹되었다는 소식으로 가득하다. 많은 사이버 공격들이 정교한 사회공학 기법을 사용해서 접근 권한을 훔쳐내고 있지만, 실패하는 경우도 많다. 기업들이 이미 알려진 취약점을 막는 정도의 기본적인 대응만 해도 많은 사이버 공격 시도가 실패로 끝나는 것으로 파악되고 있다. 회사의 웹 사이트를 만들고 관리하는 팀과 논의해 보면, 이들이 악의적 해킹으로부터 클라우드 기반 서비스를 지킬 수 있는 많은 지식과 경험을 가지고 있다는 것을 알게 될 것이다.

클라우드 기반 애플리케이션에 대한 접근을 제한하기 위해 IP 접근 정책을 세우는 것도 좋은 방법이지만, 직접적으로 애플리케이션을 보호하는 것이 더 좋다. 클라우드 플랫폼에 저장되거나 그 위에서 실행되는 컴포넌트는 더 높은 보안 표준을 충족시켜야 한다. 보안 취약점이나 퍼블릭 클라우드에 접근함으로써 발생할 수 있는 이슈들을 없애기 위한 방법의 하나로, 애플리케이션이 현업 업무에 적용되기 전에 반드시 보안 코드 검사를 통과하도록 하는 정책을 시행하는 방안도 고려해 볼 수 있다. 크로스 사이트 스크립팅[3]이나 SQL 인젝션 공격[4] 같은 보안 취약점들에 대한 코드 검토가 항상 이뤄져야 한다. 보안 전문가들이 같이 모여서 개발자들을 위한 점검 항목을 작성해서 제공하고, 개발자들이 이를 기준으로 신뢰할 수 있는 보안 설계 작업을 진행하도록 해야 한다.

---

3) 역자 주: 웹 애플리케이션에서 많이 나타나는 취약점 중 하나로 웹 사이트 관리자가 아닌 다른 사람이 웹 페이지에 악성 스크립트를 삽입할 수 있는 취약점
4) 역자 주: SQL 같이 데이터를 기반으로 하는 애플리케이션을 공격하기 위해 사용되는 해킹 기술

Microsoft 소프트웨어에 대한 공격이 증가하자 Microsoft는 보안 개발 라이프사이클(SDL: Security Development Lifecycle) 분야를 개척하기 시작했다. 이는 2004년 이후로 모든 Microsoft 개발팀이 필수적으로 사용해야 하는 프레임워크가 되었고, 이런 노력의 결과로 Microsoft 소프트웨어에서 발견되는 보안 취약점의 수가 현저하게 줄어들고 있다. SDL을 이용하는 자세한 방법은 http://www.microsoft.com/security/sdl/default.aspx에 공개되어 있다.

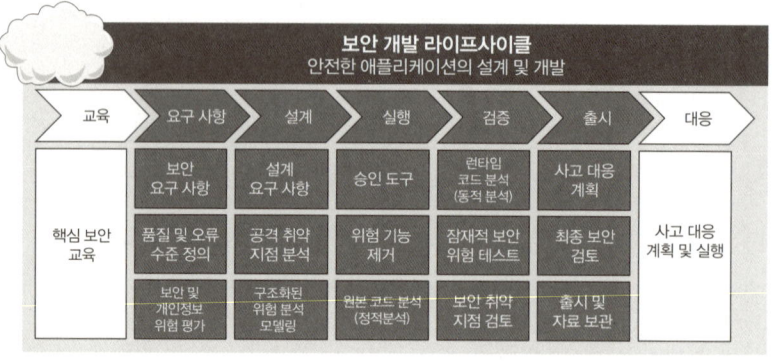

공격과 침투 테스트

누구나 마찬가지겠지만, 현재 운영 중인 주요 애플리케이션들이 안전한지 검증해보고 싶을 것이다. 검증을 위한 방법 중 하나는 별도의 팀을 구성해서 대상 애플리케이션들의 보안 시스템을 해킹하거나 적당한 수준의 서비스 거부 공격(DOS)을 시도해보는 것이다. 테스트를 진행할 때는 다른 서비스 클라우드 가입자들이 피해를 입지 않도록 클라우드 업체의 프로세스와 정책을 따르는 방법을 사용해야 한다(즉, 클라우드 업체와

맺은 서비스 항목을 위반하지 않도록 주의해야 한다).

해커들은 전통적으로 기업의 서버와 애플리케이션을 공격하거나 기업 사용자 계정을 탈취해서 공격의 시작점으로 이용하는 방법을 사용해 왔다. 만약 해커들이 클라우드 환경에서 보안 취약점을 하나라도 발견한다면 기업의 데이터를 무방비 상태로 노출시킬 수 있는 새로운 방법을 가지게 되는 것이다. 클라우드 업체들이 다양한 보호 방안을 강구하고 있지만 일정 수준의 위험은 항상 존재한다고 생각해야 한다. 기업이 직접 수행하든 써드 파티 업체를 이용하든, 아래 정리된 기본적인 공격자들의 역할을 포함한 테스트가 이루어져야 한다.

- **외부 사용자** 인터넷에서 공격하는 인증되지 않은 사용자
- **내부자** 인터넷이나 내부 네트워크에서 공격하는 인증된 애플리케이션 사용자
- **다른 서비스 가입자** 다른 클라우드 업체 고객 계정을 이용해 공격하는 인증되지 않은 사용자

여러분이 선택할 수 있는 상위 수준의 테스트 시나리오는 사용자가 접근하는 비즈니스 정보의 중요성과 아키텍처에 따라 애플리케이션마다 달라진다. 일반적인 테스트 시나리오는 다음과 같다.

- 서비스 거부 공격(DOS: Denial-of-service attacks)
- 오류와 예외 처리 관리
- 세션 관리의 취약점을 이용한 공격
- SQL 인젝션 공격과 같은 데이터 보안의 취약점, 파일 시스템에 대한 디렉터

리 접근 공격, 크로스 사이트 스크립팅, 패러미터 조작 그리고 암호화 부재(저장 중이거나 전송 중인 데이터) 등의 취약점을 이용한 공격

모니터링과 로깅

클라우드 기반 애플리케이션의 보안 상태를 모니터링하기 위해서는 IT 관리자가 적절한 수준의 로깅 기능에 접근할 수 있어야 한다. 대부분의 클라우드 업체들이 자신들의 인프라에 대한 전반적인 모니터링을 수행하고 있지만, 기업이 서비스하고 있는 애플리케이션에 비인가 접근이 발생하지 않도록 하는 책임은 고객인 기업의 몫이다.

감사 로그를 쉽게 검토할 수 있는 도구를 만드는 것이 필요한데, 로그 수집이나 분석이 중요한 애플리케이션인 경우에는 더욱 중요하다. 실패한 로그인 시도, 접속한 IP 주소 및 관리자 작업 내용들을 추적할 수 있는 공유 서비스 형태의 플러그-인 기능을 만드는 것도 좋다.

지속적인 정제 작업

클라우드 관련 기술과 비즈니스 모델은 계속 진화하고 있고 보안은 매우 변화가 심한 동적인 호스팅 환경이다. 더욱이, 자사의 서비스를 온라인 방식으로 전 세계에 제공하는 기업이라면 CIO는 해당 서비스와 관련된, 지속적으로 갱신되는 각국 정부의 법적 규제와 업계 표준 규정 등을 철저히 따라야 한다. 이런 지속적인 변화들은 기업들이 효과적이고

동적인 보안 프로그램을 이용해서 반드시 해결해야 하는 과제들이다.

최소한의 보안 정책과 절차들만이라도 매년 검토한다면, 기업의 보안 위험을 줄이는 데 활용되는 통제권을 확보하는데 도움이 된다. 앞에서 언급한 것처럼, 많은 기업들은 정보 보안 담당 임원(CISO) 혹은 이와 유사한 직책을 만들어서 보안 관련 업무를 책임지도록 하고 있다.

아키텍처 원칙들

애플리케이션과 데이터를 기업 외부로 이행한다고 해서 하드웨어 장애, 애플리케이션에 예상하지 못한 부하가 몰리는 현상, 그리고 실행 중에 발생하는 예기치 않은 문제 등이 없어지는 것은 아니다. 하지만 클라우드 환경에서 실행되는, 제대로 설계된 서비스는 온-프레미스 솔루션에 비해 확장성과 장애 대책이 향상되고 더 나은 성능을 제공할 수 있어야 한다.

클라우드 업체들이 사용하는 가상화와 클라우드 패브릭 기술들은 이론적으로는 무제한의 용량을 제공할 수 있는 확장성을 제공한다. 이는 곧 물리적 용량이 아니라, 애플리케이션의 아키텍처와 자동화 수준이 확장성을 제한하는 요소라는 것을 의미한다. 이 장에서는 애플리케이션 개발자와 운영 인력들이 높은 확장성과 신뢰성을 가진 클라우드 애플리케이션을 설계하기 위해 알아야 하는 설계 원칙들을 논의한다.

복원력

제대로 설계된 애플리케이션이라면 하나의 확장 단위에 장애가 생겼다고 해서 전체 서비스가 중단되는 상황은 생기지 않을 것이다. 반대로 부실하게 설계된 애플리케이션은 컴포넌트 하나에만 오류가 생겨도 성능 문제, 데이터 손실 혹은 작동 중지 등의 현상이 나타날 수 있다. 그리고 이런 이유들 때문에 클라우드 중심의 소프트웨어 개발을 하는 개발자들이 어느 정도 회의적인 태도를 가지고 있는 것도 사실이다. 그러나 발생 가능한 최악의 경우들을 사전에 고려하고 설계에 반영하면 문제가 생겼을 때 적절한 장애 대책을 세우고 빠르게 복원되는 좋은 애플리케이션을 설계할 수 있다.

비즈니스 로직과 데이터 그리고 사용자 인터페이스가 하나의 애플리케이션 컴포넌트에 긴밀하게 통합된 "통 구조(모노리틱)" 방식의 소프트웨어 설계는 효과적인 확장성을 제공하거나 매끄럽게 장애 처리를 하는 데에는 부족한 점이 많을 것이다. 따라서 클라우드용 애플리케이션을 최적화하려면 개발자들은 컴포넌트 간의 의존성을 제거하고 비즈니스 로직과 작업들을 느슨하게 결합한, 모듈화된 컴포넌트들로 쪼개서 각 컴포넌트들이 독립적으로 기능할 수 있도록 만들어야 한다. 이상적으로 말하며, 애플리케이션 기능은 다른 애플리케이션 컴포넌트의 상대와 싱관없이 작동할 수 있는 자율적 역할로 구성되어야 한다. 그리고 기업 IT 환경의 복잡도를 최소화하기 위해 개발자들은 재사용이 가능한 서비스들을 최대로 활용해야 한다.

Chapter 3에서 Microsoft의 온라인 경매 도구에 대해 설명했었다. 이런 애플리케이션을 설계하는 방법 중 하나는, 각각의 서비스들이 서로 다른 수요 패턴을 가지면서 다른 서비스와 비동기적으로 연결되어 있기 때문에 애플리케이션을 3개의 컴포넌트로 나누는 것이다. 사용자에게 정보를 보여주는 역할을 하는 사용자 인터페이스 계층이 첫 번째 컴포넌트, 이미지 크기 제어기가 두 번째 컴포넌트, 그리고 경매에 입찰하는 규칙과 적합한 데이터베이스 변경이나 업데이트 작업을 수행하는 비즈니스 로직이 마지막 컴포넌트다. 경매가 시작되면 사람들이 카탈로그에 물품들을 추가하면서 그 물건들의 사진도 함께 올리기 때문에 이미지 크기 조절 작업이 많이 일어난다. 그리고 경매가 종료 시점에 다다를수록 참여자들 간의 가격 경쟁이 치열해지면서 경매 엔진의 처리 수요가 크게 증가한다. 각 컴포넌트는 시스템 부하 정도에 따라 필요한 만큼의 확장 단위들을 추가할 수 있다. 더 나아가 이미지 크기 제어기에 오류가 발생해도 경매 도구의 전체 기능은 중단되지 않는다. 이 아키텍처와 시나리오가 다음 그림에 설명되어 있다.

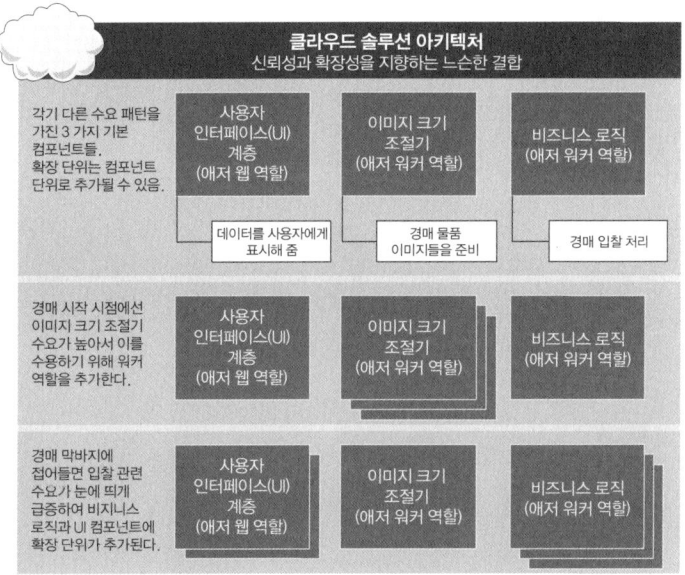

클라우드에 대한 회의적인 시각도 있지만, 클라우드 모델에 적용된 이중화와 자동화는 클라우드 서비스의 전반적인 신뢰성을 높여준다. 많은 경우 클라우드 업체들은 네트워크 인프라, 하드웨어를 여러 부분으로 나누고 심지어 전력 공급 부분도 분리해서 배치하는 "가용성 영역"을 여러 개 가지고 있다. 복수의 가용성 영역에 걸쳐 특정 애플리케이션의 확장 단위들을 운영하면 서비스가 중단되는 위험을 더 줄일 수 있다. 그래서 일부 클라우드 업체는 더 높은 서비스 수준 협약(SLA)을 보장하기 전에 위에 언급된 조건들을 고객들이 수용할 것을 요구하고 있다. 따라서 장애 대책을 검토할 때 진짜 필요한 질문은 다음과 같다.

- 애플리케이션의 특정 인스턴스가 갑자기 재부팅, 정지 혹은 제거되면 어떤 상황이 벌어지는가?
- IT 부서는 어떻게 장애 발생을 인지하는가?
- 애플리케이션 기능 중 계속 사용할 수 있는 기능은 무엇인가?
- 사용자에게 필요한 데이터 및 기능 복구를 위해 취해야 할 조치 사항들은 무엇인가?

불필요한 의존성을 제거하면 애플리케이션을 더 안정적으로 만들 수 있다. 하나의 작업 시나리오를 수행하는 서비스가 중단되더라도 다른 애플리케이션의 시나리오들은 계속 작동해야 한다.

백-엔드 애플리케이션의 경우, 어떤 클라우드 업체들은 SQL PaaS와 기타 스토리지 플랫폼 위에서 장시간 실행 중인 검색 작업이나 요청을 통제하거나 강제로 중지시키기도 하기 때문에 개발자들은 해당 애플리케이션에 반드시 재시도 로직을 넣어야 한다. 예를 들어, 다른 원본으로부터 데이터를 요청하는 컴포넌트 안에 예외 상황이 발생한 사실을 알리기 전에 일정 시간 동안 주어진 횟수만큼의 재시도를 하는 로직을 포함시킬 수 있다.

가끔씩 재부팅이 필요한 클라우드 인스턴스의 경우에는, 재부팅되는 다른 확장 단위나 원래 인스턴스가 트랜잭션을 복구할 수 있도록 영구 캐시[5]를 애플리케이션 설계에 포함시켜야 한다. 클라우드 기반 애플리케이션 설계 원칙 중 하나인 퍼시스턴트 상태[6]를 사용하기 위해서는 개발자가 서비스의 상태를 자세하게 파악해야 한다.

무상태

무상태(Statelessness)를 염두에 둔 설계는 확장성과 장애 대처에 필수적이다. 예상하지 못한 중단이든 계획된 중단(운영 체제 업데이트와 같은)이든, 하나의 확장 단위가 중지되면 다른 확장 단위가 그 작업을 이어받아 계속 작업을 수행할 수 있어야 한다. 이때 사용자는 어떤 일이 일어났는지 몰라야 한다. 각각의 중요 클라우드 서비스에 대해서는 복수의 확장 단위를 구성하는 것이 중요한데, 확장성을 제공하기 위한 목적뿐만 아니라 이중화 및 가용성을 확보하기 위한 용도로 적용해도 좋다.

---

5) 역자 주: 처리 중인 문서나 데이터 객체가 처리되는 동안 보관을 위한 목적으로 만들어진 파일 캐시
6) 역자 주: 한 프로세스가 작업을 진행하는 과정에서 만들어진 특정 상태가 해당 프로세스가 종료된 후에도 계속 유지되는 상태를 의미한다.

일반적으로 클라우드 업체는 무상태형 애플리케이션을 필수적으로 요구한다. 세션 하나가 설정되면 애플리케이션 사용자들은 "무상태 로드 밸런싱" 또는 "세션 연관성 없음"으로 알려진 하나 혹은 여러 개의 확장 단위와 상호 작업을 할 수 있다. 이렇게 사용자들이 특정 확장 단위와만 상호 작업을 한다는 보장이 없기 때문에 개발자들은 특정(혹은 한 개) 확장 단위의 메모리 영역에만 애플리케이션이나 세션 상태를 담아놓는 오류를 범해서는 안 된다. 따라서, 무상태 방식의 설계가 반영되지 않은 애플리케이션들은 클라우드 환경에서의 확장성을 확보할 수 없게 된다. 대부분의 클라우드 업체들은 이 문제를 해결하기 위한 방법으로 영구 저장 공간을 제공하는데, 이 방법을 사용하면 애플리케이션이 모든 확장 단위들을 검색할 수 있는 방법으로 세션 상태를 저장한다.

병렬 처리

클라우드 설계의 핵심 원칙이라고 하는 병렬 처리와 멀티 쓰레드 애플리케이션 설계의 장점을 활용하면 성능을 향상시킬 수 있다. 클라우드 플랫폼에 포함된 로드 밸런싱과 다른 서비스들을 활용하면 비교적 쉽게 시스템 부하를 분산시킬 수 있다. 속도도 빠르고 비용도 낮은 클라우드의 프로비저닝 덕분에, 몇 번의 API 호출만으로도 병렬 처리용 확장 단위를 필요한 시점에 바로 이용할 수 있고 반환도 쉽다.

대규모 병렬 처리는 실시간 기업 데이터 분석과 같은 고성능 컴퓨팅 시나리오에 적합하다. 많은 클라우드 업체들은 병렬 처리를 위해 대규모 업무들을 여러 개로 나눌 수 있는 프레임워크들을 직·간접적으로 지원한다. Microsoft의 경우에는 과학 연구용으로 활용할 수 있는 윈도우 애저의 성능을 보여주기 위해 워싱턴 대학과 공동 작업을 했는데, 그 결과로 250만 개 점에 대한 계산[7]을 약 2,000대의 서버를 이용해서 1주일 안에 완료했다[8]. 이 작업은 일반적 환경에서는 시스템 성능에 따라 몇 달씩 걸릴 수 있는 계산 작업이다.

응답 지연시간

소프트웨어 개발자는 네트워크 응답 지연시간 현상 때문에 서비스의 가용성과 성능이 저하되는 가능성을 줄이기 위해 아래의 일반적인 설계 원칙들을 적용할 수 있다.

- 캐싱 기능 이용하기. 특히 응답 지연시간이 높은 시스템에서 데이터를 가져오는 경우에 활용해야 한다. 이런 사례는 온-프레미스와 클라우드에 걸쳐 있는 시스템일 경우 많이 발생할 수 있다.
- 컴포넌트 간의 트랜잭션이나 업무 부하 줄이기. 특히 온-프레미스와 클라우드 간 연계가 이루어지는 경우 컴포넌트 간 통신이나 데이터양을 줄여야 한다.
- 지역별 분산과 콘텐츠의 글로벌 복제. 앞에서 언급한 것처럼 윈도우 애저

---

7) 역자 주: 약 250만 개 점 간의 상호 작용을 계산하는
8) "Scientists Unfolding Protein Mystery, Fighting Disease with Windows Azure." Microsoft. http://www.microsoft.com/presspass/features/2011/jun11/06-14proteinfolding.mspx

의 콘텐츠 전송 네트워크(CDN)등을 이용하면, 사용자들이 BLOBs 스토리지 콘텐츠를 가장 가까운 위치에서 수신할 수 있다.

자동 확장 기능

많은 클라우드 업체들과 이들의 플랫폼 파트너들은 비교적 단순한 구성 항목들을 이용해서 자동 확장 기능을 구현할 수 있는 방안을 제공하고 있다. 예를 들어 이런 기능이 없거나 추가적인 모니터링 기능이 필요한 상황이라면, 개발자들은 기존 모니터링 API와 서비스 관리 API를 호출해서 대상 애플리케이션에 자동 확장 기능을 넣을 수 있다. 가끔씩 네트워크 트래픽이 급증하거나 CPU 사용량이 미리 정한 임계치까지 증가하면 자동으로 애플리케이션의 인스턴스를 증가시켜서 안정적인 서비스 수준을 보장하는 사용량 기반의 로직을 생각해보자. 이 로직은 동일한 방법으로 메시지들을 모니터링하고 있다가 급증했던 수요가 평상시 수준으로 떨어지면 추가된 애플리케이션 인스턴스들을 중지시키는 기능을 수행할 수 있다.

어떤 로직은 비용적 관점을 기준으로 작성될 수 있다. 개발자들이 업무적 중요도가 낮은 애플리케이션들을 특정 조건하에서 자동 확장을 하지 못하게 설정해서 비용 발생을 차단하거나 사용량이 급증하면 경고를 발생하게 하는 비용 통제 로직을 추가하는 것이 하나의 예가 될 수 있다.

용어와 세부 사항은 다소 다르겠지만, 다음 그림은 애플리케이션을 확장하기 위해 클라우드 플랫폼 내부에서 진행되는 작업 단계들을 설명하고 있다.

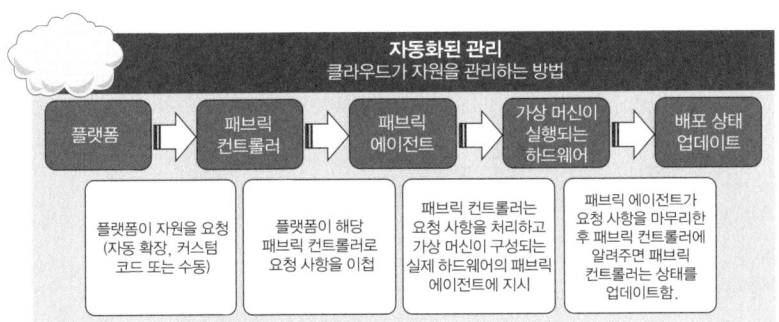

데이터의 확장성을 보장하는 것도 애플리케이션 확장성과 마찬가지로 중요하다. 그리고 다시 한 번 말하지만, 이것은 제대로 설계가 되었는가의 문제라고 할 수 있다. 귀찮기는 하지만 클라우드에서의 이용을 위해 애플리케이션의 데이터 계층 아키텍처를 검토하는 작업은 성능과 가용성 향상에 도움이 된다. 기존 데이터베이스에 저장된 데이터를 모두 저장할 정도의 충분한 공간을 제공하는 대규모 클라우드 데이터 스토리지 서비스가 없다면 데이터 세트를 여러 개의 파티션으로 나눈 뒤 복수의 인스턴스에 나눠 저장하는 방법도 고려해 볼만하다. "조각내기(Sharding)"로 알려진 이 방법은 이미 많은 클라우드 플랫폼의 표준이 되었으며, SQL 애저 등의 여러 플랫폼에 구축되어 있다. 비록 처음에는 이 방법이 필요 없다고 하더라도 시간이 지나면서 데이터 요구가 증가하면 필요하게 될 수 있다.

TO THE CLOUD

솔루션
구현과 통합

　Chapter 2에서 논의한 것처럼, 기업들은 새 애플리케이션을 클라우드 기반 솔루션으로 구축하는 일에 우선순위를 부여함으로써 총소유비용(TCO)을 줄일 수 있다. 클라우드 기반 솔루션은 무상태 기반의 서비스, 느슨하게 결합된 컴포넌트, 그리고 클라우드 데이터 스토리지 및 통합된 서비스까지를 포괄적으로 아우른다.

　선도적인 클라우드 업체들은 기업 환경에서 범용적으로 사용되고 있는 .net, 자바와 PHP 등의 많은 프로그래밍 언어들을 지원하고 있다. 소프트웨어 개발자들이 클라우드 기반 적용 시나리오를 지원하기 위해서는 소프트웨어 개발 키트를 설치하는 약간의 작업이 필요하지만, 표준 프로그래밍 언어들의 클라우드용 버전은 현재 온-프레미스 환경에서 사용되는 대부분의 도구들(Microsoft SQL 서버 관리 스튜디오, Microsoft 비주얼 스튜디오 등)과 호환이 된다. 오늘날 온-프레미스 개발용으로 사용되는 것과 유사한 개발 환경, 패키징 및 배포 도구, 그리고 데이터 액세스 메커니즘, 보안 서비스 및 API들의 클라우드 버전이 곧 제공될 것으로 기대하고 있다.

대부분의 클라우드 업체는 소프트웨어 개발자들이 클라우드 환경이나 자신들의 IT 환경 모두에서 개발할 수 있는 방안을 보장하고 있다. 일부 업체는 클라우드의 컴퓨팅 서비스, 확장성 및 스토리지 서비스를 시뮬레이션할 수 있는 도구도 제공한다. 이 도구들을 이용해서 온-프레미스 환경에서 애플리케이션을 테스트하는 것도 가능하지만, 개발자가 예상한 대로 솔루션이 작동하는지를 확인하기 위해서는 클라우드 환경에서 전체적인 테스트와 검증을 하는 작업이 필요하다. 클라우드 플랫폼은 복잡도가 높고 변화의 속도가 온-프레미스 시뮬레이션 도구보다 빠르기 때문에 클라우드 환경에서의 전체적인 테스트가 꼭 필요하다.

애플리케이션의 구축, 테스트, 그리고 배포를 위한 환경을 구성하는 일은 확장 단위를 만드는 것만큼 단순하며, "테스트"와 "운영"을 위한 별도의 클라우드는 필요하지 않다. 대신에 개발자들은 같은 클라우드 안에 위치하지만 서로 다른 업무 목표를 가진, 분리된 인스턴스들을 사용할 수 있다.

일부 애플리케이션의 이행 시나리오에서는 애플리케이션 디버그를 하는 데 필요한 작업량이 신규로 개발하는 것만큼 많이 발생하기도 한다. 우리는 클라우드 환경에서의 디버깅 작업을 쉽게 해주는 새로운 기능들도 빠르게 등장하기를 기대하고 있다.

애플리케이션 통합

오래된 애플리케이션을 클라우드 서비스와 통합하는 작업은 여러 가지 이슈들을 발생시킨다. 첫 번째는 방화벽을 통과해서 서비스를 서로 연결하는 것이고 두 번째는 계정 관리에 대한 것이다. 다음 그림은 일반적인 통합 시나리오와 통합 작업에 포함돼야 하는 기술적 구조를 설명하고 있다.

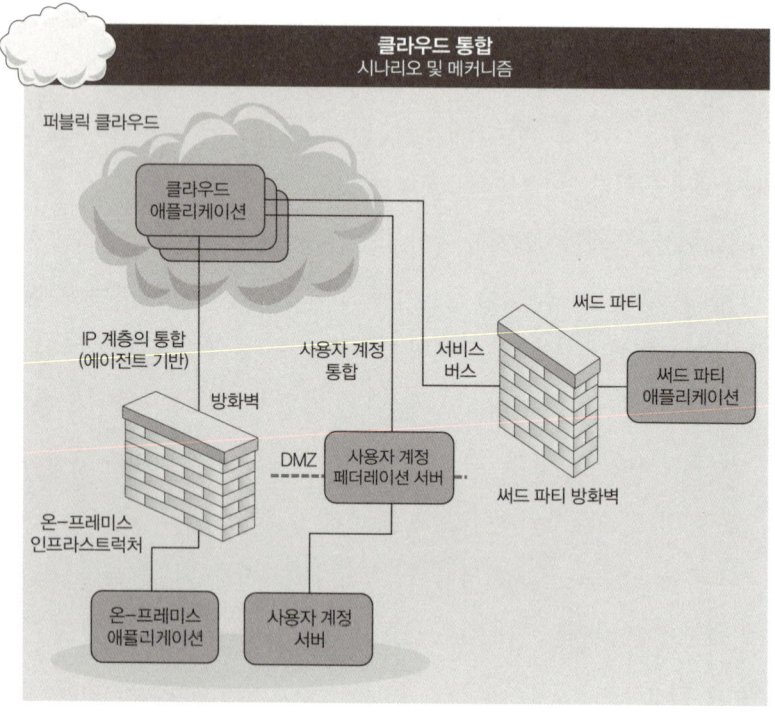

사용자 계정 관리

사용자, 애플리케이션 혹은 서비스가 클라우드 기반 서비스로부터 인증을 받으려면 기업 보안 증명과 통합 사용자 인증 체계를 지원하는 사용자 계정 통합이 필요하다. 최근에 사용자의 권한 인증을 중앙화한 기업들은 동일한 구조와 방식을 클라우드에도 적용할 수 있을 것이다. 어떤 클라우드 업체들은 사용자 인증과 권한 관리 서비스를 페더레이션 또는 전문 인증 업체를 통해 제공하기도 한다. Microsoft 액티브 디렉터리 페더레이션 서비스는 기업 내부에서 이미 사용하고 있는 보안 증명을 클라우드 기반 애플리케이션에서도 사용할 수 있게 해주는 사용자 인증 서비스 중 하나다. 이 서비스를 이용하면, 사용자들은 한 번의 사용자 인증만으로도 가상 사설 네트워크(VPN) 연결을 통해 또는 기업의 내부 네트워크에서 원하는 애플리케이션에 접속할 수 있다. 사내 보안 증명을 가진 사용자는 필요하다면 인터넷 또는 퍼블릭 클라우드를 통해서도 애플리케이션에 접속할 수 있다.

사용자 계정 관리 서비스는 기업의 사용자 인증 서비스 제공자(예: 액티브 디렉터리)와 클라우드 기반 애플리케이션 사이에 신뢰할 수 있는 보안 계층을 하나 더 두는 것과 같다. 이 인증 계층은 사용자의 보안 증명과 클레임(예: 사용자 이름, 직책, 부서, 국적 등의 속성 정보)을 클라우드 기반의 애플리케이션들이 이해하는 보편적인 토큰 형식으로 변환해준다. 페더레이션 방식의 사용자 인증 서비스를 제공하는 업체들은 다른 인증 서비스 업체들의 인증서 항목을 변환해주는 기능도 제공해준다. 이 기능을 이용하면 페이스북, 윈도우 라이브 계정이나 구글 계정 같은 다른 기업의 인증 서비스와도 쉽게 연동할 수 있다.

온-프레미스와 클라우드의 통합

온-프레미스와 클라우드 환경에서 호스팅되고 있는 서비스를 연결하는 작업에는 두 가지 기본적인 방법이 사용된다. IP 연결 계층이나 클라우드 업체가 제공하는 메시징 서비스의 장점을 활용하는 방법이 있다.

IP수준의 연결을 위해서 일부 업체들은 에이전트 기반과 (또는) 가상 사설 네트워크(VPN) 형태의 게이트웨이 모델을 제공한다. 에이전트 기반 모델은 온-프레미스에서 호스팅되는 서비스와 클라우드 서비스 간에 포인트-포인트 방식의 연결을 제공해 준다. 온-프레미스 호스트에 에이전트를 설치해서 클라우드에 있는 특정 애플리케이션과 가상 사설 네트워크(VPN) 터널을 만들 수 있다. 이 방식에 소요되는 비용, 속도, 그리고 편리함을 고려하면 초기 단계에는 적합하지만, 분산된 구조를 가진 대기업 환경에서는 확장성이 떨어지는 단점도 있다(예: 클라우드 서비스와 통합돼야 하는 모든 온-프레미스 서버마다 에이전트를 설치해야 하는 경우). 이 방식을 사용할 경우 보안 관련 정책의 준수와 관리에 대한 이슈들이 발생할 수 있다.

게이트웨이 방식은 서로 떨어져 있는 네트워크 부분들을 연결하거나 온-프레미스에서 운영되고 있는 특정 서버를 클라우드 플랫폼에 있는 노드와 연결하는 전용 프록시를 설치해서 운용한다. 이 방식은 온-프레미스에 있는 모든 시스템에 에이전트를 설치할 필요가 없기 때문에 에이전트 방식에 비해 확장성이 좋고 온-프레미스와 클라우드를 통합한 중앙 관리와 모니터링이 가능하다. 이런 이유들 때문에 초기 투자 비용이 높은 단점은 있지만, 많은 기업들이 온-프레미스와 클라우드 플랫폼의 통합 작업에는 게이트웨이 방식을 선호하고 있다.

클라우드 업체가 제공하는 메시징 또는 서비스 버스 등의 통합된 서비스 플랫폼을 사용하면 공용의 접속 포인트(예: 와이파이 네트워크 혹은 개인용 핫스팟)를 통해서도 네트워크 트래픽이 기업의 방화벽을 통과할 수 있다. 그리고 이 서비스들을 사용하면 단순히 데이터를 보내고 받는 기능 이외에도 멀티캐스트 메시징, 워크플로우와 데이터 보존 기능을 강화한 스토리지 등의 추가 기능들을 활용할 수 있다. 메시징 기능을 이용하면 IP 수준에서의 통합 작업 없이도 파트너 간의 통합이 가능하다. 더 높은 수준의 클라우드 스택에서 통합이 이루어질수록 참여자들의 독립성이 보장될 수 있는데, 이런 특성은 여러분 회사의 표준보다 낮은 보안 수준을 갖고 있는 파트너와 연결할 때 장점이 된다.

멀티캐스트 메시징은 애플리케이션에서 다수의 등록자(다른 애플리케이션이나 사용자 또는 서비스)에게 메시지를 보낼 때 유용하다. 한 예로, 클라우드 환경에서 운영되면서 경매에 올라 온 제안 요청서 건에 대해 입찰을 요청하는 기능을 하는 "역경매" 애플리케이션을 생각해 보자. 제안 요청서는 클라우드의 거래 중계 서버에만 게시되고 그 후에 해당 메시지 버스 인스턴스에 등록한 업체들에게만 자동으로 메시지를 보내는 기능을 애플리케이션이 수행하는데, 이 작업들을 처리하는 과정에서 멀티캐스트 메시징을 사용한다.

온-프레미스와 클라우드 환경에서 호스팅되고 있는 컴포넌트를 서로 연결하기 위해서는 애플리케이션의 수정 작업이 필요할 수 있다. 이 경우 통합된 서비스를 서비스 버스로 사용하는 대신 IP 연결 솔루션을 사용하면 애플리케이션의 수정 작업을 줄일 수 있다.

데이터 통합

DaaS 솔루션은 애플리케이션 간의 데이터 공유를 위해 OData(Open Data) 같은 표준화된 데이터 프로토콜을 이용할 수 있다. OData를 이용하면 애플리케이션 개발자들이 웹 서비스 간에 커스텀 데이터 규약[9]을 작성할 필요가 없어지기 때문에 동일한 표준을 채택하고 있는 웹 서비스와의 통합이 수월해진다. OData는 HTTP, XML과 JSON 등의 기존 웹 기술들 위에서 구현된다. OData 등과 같은 웹 서비스 관련 표준들을 적용하면 기존 웹 서비스가 서로 다른 설계 방식과 기술을 쓸 때 나타나는 "사일로(Silo) 현상[10]"을 해소하는 데 도움이 된다.

시간이 지남에 따라 데이터가 기하급수적으로 늘어나고 데이터를 필요로 하는 애플리케이션의 수도 계속 증가하기 때문에, 클라우드를 데이터 저장 공간과 통합을 위한 허브로 활용할 수 있다. 따라서 기업들이 기업 내·외부 데이터를 이용하면서 클라우드를 데이터 허브와 애플리케이션 용도로 활용하는 DaaS 상품을 만드는 것도 가능하다. 클라우드는 데이터베이스 크기와 사용량에 맞춘 확장과 축소가 용이하기 때문에 대규모의 중앙 집중화된 데이터 저장 공간에 이상적이다.

테스트

아래 목록은 실제 운영 단계로 이행하기 전에 클라우드 솔루션을 대상으로 수행해야 하는 테스트 시나리오들이다.

---

9) 역자 주: 교환되는 데이터를 추상적 개념으로 정의한, 서비스와 클라이언트 간에 이루어진 공식적 협약
10) 역자 주: 서로 분리된 곡물 저장소처럼 다른 시스템과의 유연한 소통이 어려운, 혼자 동떨어진 시스템을 의미

- **모의 장애** 일반적으로 고가용성과 이중화는 클라우드 서비스에 기본으로 구현되어 있고 서비스 수준 협약(SLA)으로 보장되지만, 이따금씩 확장 단위들에 문제가 발생할 수 있다. 장애 대비 기능이 애플리케이션 설계에 포함되어 있다고 가정하고 모의 장애 상황 테스트를 실시하면 특정 확장 단위에 문제가 발생했을 때 애플리케이션이 계속 작동하는지, 모든 확장 단위가 중단되었을 때 제대로 복구가 되는지, 그리고 어떤 상황에서도 데이터 손실이 발생하지 않는지 여부를 검증하는 데 도움이 된다.

- **비용 측정** 전기세나 수도세처럼 사용한 만큼만 비용을 지불하는 유틸리티 가격 방식과 필요한 시점에 자원을 추가해주는 자동화된 온-디맨드 프로비저닝은 참 편리한 기능이지만, 제대로 관리하지 않으면 엄청난 금액의 청구서를 받을 수 있다는 점을 알아야 한다. 휴대폰 사용자가 부가 서비스의 비용 구조를 잘 이해하고 사용해야 월말에 통신 요금 청구서에 놀랄 일이 없는 것처럼, IT 부서도 애플리케이션의 확장 시나리오별로 발생하는 비용을 테스트하는 방안을 설계에 포함해야 한다.

- **스케일 아웃** 애플리케이션의 확장이 가능한지, 기대했던 수준 이상으로 확장될 수 있는지를 검증하는 테스트는 아주 긴 시간을 요하는 투자라고 할 수 있다. 향후 5~10년에 걸쳐 예상되는 몇 가지 수요 패턴에 대한 테스트 시나리오를 설계하면 미래에 발생할지도 모를 엄청난 추가 개발 비용을 미연에 방지하는 데 도움이 된다. 클라우드가 확장성을 제공한다고 하더라도 여러분의 애플리케이션이 확장 가능한 구조와 기능을 가지고 있는지 반드시 확인해야 한다.

- **사용자 접근성 시뮬레이션** 업무 중요도가 높거나 현장 사무소에서 자주 사용하는 애플리케이션들에 대해서는 온-프레미스와 원격지 등의 다양한 장소에서 사용자 접근성을 테스트하는 것이 필요하며, 시간대별로 나타나는 성능

차이도 파악해야 한다. 이를 통해 네트워크 트래픽의 영향과 응답 지연시간을 포함한 해당 솔루션의 전반적인 성능을 측정할 수 있다.

▪ **성능 분리** 전체 환경에서 응답 지연시간과 네트워크 조건들을 제거하면, 순수하게 애플리케이션 자체 성능만을 측정할 수 있다. 이를 위해서는 대상 애플리케이션과 동일한 클라우드 환경에 만들어진 확장 단위에 성능 테스트용 엔진을 설치하고 인터넷 응답 지연시간 등의 환경적 요인으로 인해 애플리케이션 성능이 영향을 받지 않도록 격리한 상태에서 테스트를 실행해야 한다.

TO THE CLOUD

클라우드 환경에서의 운영

    기업들이 클라우드를 고려할 때 보안 다음으로 갖는 걱정거리는 운영에 관한 것이다. 많은 기업들이 하이브리드 생태계를 운영하다 보면 IT 환경 복잡도의 증가라는 이슈를 경험하게 된다. 그리고 클라우드의 도입은 IT 운영의 역할과 책임에 본질적인 변화를 가져오기 때문에 기업들은 자신들의 필요에 적합한 운영 모델을 능동적으로 분석하고 정의할 필요가 있다.

지원

잘 만들어진 운영 모델들은 역할, 책임 그리고 책임 소재를 명확하게 정의하고 있다. 주요 클라우드 업체들은 세분화된 지원 모델을 제공하고 있기 때문에 기업들은 내부 IT 부서 인원들이 클라우드 업체의 지원 도구 및 담당 인력들과 협력해야 하는 상황과 방법을 명확하게 정의하는 것이 중요하다. 그리고 업체와의 원만한 협력과 지원을 위해서는 문제를 보고할 때 필요한 데이터 항목과 세부 수준을 정확하게 이해해야 한다. 일부 클라우드 업체는 대부분의 기업들이 필요로 하는 기술 지원과 성능 검토 등의 작업을 감독하는 기술 관리자 서비스를 제공하기도 한다.

관리

클라우드 업체는 기업들이 해오던 업무들 중 일부(소프트웨어 패치 작업과 같은)는 아예 필요 없게 만들 수도 있고 일부 업무들(데이터 백업 등)은 더 좋고 빠르게, 혹은 더 저렴하게 관리하도록 만들 수 있다. 따라서 대규모 클라우드 이행을 진행하기 전에 온-프레미스 운영팀이 제공하는 운영 서비스에 상응하는, 여러분 기업과 클라우드 업체 간의 역할과 책임을 명확히 정리한 관리 지표를 만들도록 하자. 누가 무엇을 관리하는지 정확히 파악하고 있다면 클라우드 환경에서 애플리케이션을 운영할 때 발생할 수 있는 여러 가지 이슈들을 파악하고 해결하는 작업이 한층 쉬워질 수 있을 것이다.

만약 여러분이 애플리케이션을 호스팅하기 위해 IaaS를 사용하고 있다면 IT 운영 인력이 운영 체제와 플랫폼을 관리해야 한다. 아마존 같은 클라우드 업체들은 IaaS 이용 시 초기 설치 작업에 소요되는 시간을 줄이기 위해 다양한 운영 체제와 애플리케이션 플랫폼 스택에서 실행될 수 있는, 미리 만들어 놓은 이미지들을 제공하는 라이브러리를 가지고 있다. 또한 업데이트 작업도 일정 수준까지는 자동화시킬 수 있다.

클라우드 업체는 PaaS 플랫폼의 운영 체제 업그레이드는 책임지지만 고객이 사용하는 애플리케이션의 업그레이드는 책임지지 않는다. Chapter 3에서 설명한 것처럼 IT 프로세스를 DevOps 모델로 전환하면 새로운 소프트웨어의 릴리즈 관리를 더욱 효율적으로 진행할 수 있다. 또한 확장 단위별로 애플리케이션 업그레이드를 수행하는 것도 가능하다. 그리고 제대로 설계되어 있다면 해당 애플리케이션을 중지시키지 않고도 업그레이드 작업을 할 수 있다.

모니터링

IT 운영 인력들이 수백 대의 물리적 서버에 시스템 업데이트를 하는 것과 같은 일상적 업무에서 해방될 수 있다면 운영 인력들은 애플리케이션과 서비스의 측정, 모니터링 그리고 개선 등의 작업에 더 집중할 수 있게 된다. 이렇게 새로운 수준의 업무들을 수행하기 위해서는 적절한 도구를 확보하는 것이 중요한데, 일부 클라우드 업체는 온-프레미스와 비슷한 도구들을 지원하기도 하고 일부 업체는 자사 서비스에만 적용되는 포털이나 API를 제공하기도 한다. 두 경우 모두 별도로 고객용 도구를 만드는 작업이 요구될 수 있다.

단지 확장 단위와 웹 호스트 상태만 가지고 관찰하면 특정 서비스가 잘 작동하고 있다고 판단할 수도 있지만, 해당 서비스의 정상 작동 여부는 기술적 관점보다는 비즈니스 관점에서 정의한 기준을 가지고 모니터링하는 것이 더 정확하다. IT 운영 인력들은 온-프레미스나 클라우드 환경 모두 서비스가 정상적으로 작동한다고 생각할 수 있지만, 현업의 사용자들은 자기 업무를 끝내지 못하는 상황에 처해 있을 수도 있다. 운영 인력들은 잘 정의된 기준과 트랜잭션을 시뮬레이션하는 자동 스크립트를 이용해서 현업 사용자들이 특정 시점에 경험할 가능성이 있는 서비스나 애플리케이션의 가용 상태를 파악할 수 있어야 한다. 가장 이상적인 것은 처음 사용자가 문제를 보고하기 전에 이슈를 파악하는 것이다. 이런 경우 클라우드를 사용하면 많은 시간을 절약할 수 있다.

대부분의 선도적인 클라우드 업체들은 자신들이 서비스하는 플랫폼의 성능과 가용성 항목들을 정확히 파악할 수 있는 방안들을 제공하고 있다. 업체들은 포털 서비스, 서비스 현황에 대한 실시간 데이터 제공, 그리고 API 등을 이용해서 가장 필수적이고 중요한 측정값들을 만들어낸다. 만약 클라우드 업체들이 기업 CIO가 관심을 가지는 디스크 성능이나 입출력 현황 등에 관련한 정보를 제공하지 않는다면 해당 정보의 제공을 요구하거나 자체적으로 측정할 수도 있다.

많은 클라우드 업체는 데이터 센터의 모니터링 시스템에서 지원에 관련된 정보들을 얻는다. 다른 정보 공유 방식으로는 위키나 블로그도 이용되고 있다. 이 방식들을 이용해서 주요 유지·보수 항목이나 고장 기간 동안의 작업 진행 상황을 고객들에게 계속 공유해 줄 수 있다.

현재는 클라우드의 모니터링 시스템을 구현하는 데 약간의 초기 작업이 필요하지만, 시간이 흐르면서 클라우드 고객들이 쉽게 쓸 수 있는 클라우드 시스템 상태 점검과 모니터링 도구 분야에서 상당한 개선이 있을 것으로 예상하고 있다.

비즈니스의 연속성과 장애 복구

기업들은 가용성이 아주 높은 클라우드 인프라로 서비스를 이행함으로써 비즈니스의 연속성을 향상시킬 수 있다. 그러나 이 서비스들의 이중화가 기본으로 구현되어 있다고 해서 클라우드 서비스의 장애 대책이 충분하다고 할 수는 없다. 시스템적으로 장애 대책이 구현되었어도 사람의 실수로 인한 장애 발생 가능성은 계속 남아있기 때문이다. 데이터가 세 곳의 클라우드 플랫폼에 보관되고 있어도 관리자가 무심코 "삭제" 단추를 누르면, 세 곳에 보관되어 있는 모든 데이터가 삭제된다.

클라우드 서비스의 장점을 활용한다고 해서 비즈니스 연속성과 장애 복구(BCDR) 구현을 위해서 비즈니스 프로세스와 기술 도구들을 결합시켜야 한다는 사실은 변하지 않는다. 기업이 더 많은 옵션을 가질 수 있다는 것이 이 방식의 장점인데, 예를 들어 클라우드 업체는 고객들이 특정 지역에서 발생한 재난으로부터 스스로를 보호할 수 있도록 다른 대륙이나 국가에 위치한 데이터 센터에 접근할 수 있는 도구를 제공하기도 한다.

애플리케이션과 데이터베이스를 배치할 지역을 지정할 수 있는 기능과 데이터 동기화 기술을 접목하면 서비스의 비즈니스 연속성과 장애 복구(BCDR) 구현이 쉬워진다. 중요도가 높은 애플리케이션의 경우 최소한으로 확장된 인스턴스들과 데이터를 다른 지역에 배치한 후 대기 모드로 유지할 수 있다. 그리고 문제가 발생하면 사용자들의 요청을 대기 서비스로 우회시킨 다음 필요한 수준과 규모로 확장할 수 있다.

성공의 측정

다른 일들과 마찬가지로 클라우드 이행을 평가하기 위한 명확한 기준들을 수립하고 측정하는 것이 매우 중요하다. 기업이 알아야만 하는 IT, 재무 혹은 경영 관점의 주요 경향들이 나타나는지를 보기 위해 기업이 클라우드 이행 작업을 완료할 때까지 소요되는 수개월 혹은 수년의 기간 동안 정기적인 측정 작업이 필요하다. 대부분의 경우 클라우드가 기업의 매출에 직접 기여하는 부분을 정량화하는 것보다 비용 절감 부분을 정량화하는 것이 쉽다. 가능하다면 아래 정리된 몇 가지 변수들을 관찰하도록 하자.

재무적 영향
- IT에 소요되는 전반적인 비용
- 하드웨어와 소프트웨어 라이선스에 투입되는 자본 비용
- 업체 관련 비용(SI 업체, 엔지니어 인력과 컨설턴트 등)
- 교육, 훈련 비용
- 이산화탄소 배출량과 관련 비용

엔지니어링 효율성
- 전체 애플리케이션의 수량(클라우드에 구현된 공유 서비스 사용을 가정하고

- 애플리케이션의 개발과 지원 그리고 유지·보수를 위해 투입되는 작업 공수
- 데이터 센터 하드웨어의 구성과 관리를 위해 투입되는 작업 공수
- 공유 서비스와 통합된 서비스 등을 이용해서 얻을 수 있는 개발 및 테스트 관련 작업 공수의 감소 규모
- 애플리케이션 당 현장 관리자 수의 비율
- (일관성 있는 환경과 지원 작업의 감소로 인한) 지원 요청 건수 및 비용 감소 규모
- 업무량이 일반적인 상황일 때 처리되는 배치 작업의 크기 수량과 유형
- 유휴 상태에 있는 서버 용량 규모(예: 전반적인 자원가동률은 증가됨)
- 인력과 컴퓨팅용 인스턴스, 데이터 스토리지, 그리고 네트워크 이용 등에 소요되는 운영 비용
- 시스템 관리와 모니터링 및 보안용 도구에 투자한 예산 규모

민첩성
- 개발 주기
- 용량의 부족으로 인해 야기되는 애플리케이션 개발의 지연 기간
- 현업 부서에서 요청한 IT 서비스가 개발되어 실제 운영까지 걸리는 시간
- 컴퓨팅 자원의 용량 확장에 소요되는 시간
- 정확한 데이터를 전달받거나 분석하는 데 소요되는 시간

서비스 품질
- 용량의 부족 때문에 발생하는 운영 중인 애플리케이션의 성능 문제

- 사고 상태 또는 심각한 성능 문제 발생 건수
- 애플리케이션의 응답 속도, 특히 다른 지역에 있는 사용자들이 느끼는 응답 속도
- 네트워크의 응답 지연시간

Summary 요약

- 클라우드 환경에서 IT 부서는 더 높은 효율성, 비용 절감과 민첩성의 향상을 가능하게 해주는 정보, 서비스 및 프로세스 요구 사항들이 어디로 모아지는지를 알기 위해 전체 IT 시스템에 집중해야 한다.

- 많은 기업들이 클라우드 도입 초기에는 하이브리드 아키텍처를 사용할 것이다. 예를 들어 데이터는 온-프레미스에 저장하고 애플리케이션은 클라우드에 두는 방식이다. 하이브리드 아키텍처를 사용할 때는 퍼블릭 인터넷을 통해 연결 시 발생하는 응답 지연시간과 보안 이슈들에 관심을 가져야 한다.

- 클라우드 기반 애플리케이션은 기업의 방화벽 바깥쪽에 있기 때문에 공격받을 요소가 더 많아진다. 클라우드로 이행하기 위해서는 기업이 현재 가지고 있는 정책, 표준, 아키텍처, 개발 방식, 운영 방식 그리고 장애 처리 절차 등을 전면적으로 점검해야 한다.

- 온-디맨드 확장성의 장점을 최대한 이용하기 위해서는 각각의 인스턴스들이 독립적으로 작동할 수 있도록 애플리케이션 구조를 통 구조(모노리틱) - 오래 전에 개발된 애플리케이션들이 자주 선택한 방식 - 보다는 모듈화되고 느슨하게 연결된 방식으로 개발하는 것이 필요하다.

- 클라우드 기반 애플리케이션을 보다 더 안정적으로 만들기 위해서는 불필요한 의존도 제거, 재시도 로직의 추가, 영구 캐쉬의 활용, 그리고 클라우드 업체가 가진 "가용성 영역"을 이용해서 단일 애플리케이션의 확장 단위를 여러 개 운영하는 방법 등을 사용할 수 있다.

- 클라우드 환경에서의 병렬 처리가 가진 장점(요청, 프로세싱이나 데이터 저장 또는 비즈니스 로직의 실행 등)을 활용해서 성능과 가용성을 높일 수 있다.

- 응답 지연시간을 줄이기 위해서는 클라우드 캐싱 기술을 이용하고 컴포넌트 간의 불필요한 트랜잭션과 트래픽을 발생시키는 기능들과 통신 항목들을 줄이는 것이 필요하다. 또한 콘텐츠를 다른 지역에 분산시키고 복제하는 것도 좋은 방법이다.

- 일부 클라우드 업체들은 고객이 자사의 IT 환경에서 클라우드의 컴퓨팅 능력, 확장성, 그리고 스토리지 서비스를 테스트할 수 있는 도구들을 제공하고 있다. 개발자들은 해당 솔루션이 예상대로 작동하는지를 확인하기 위해 애플리케이션을 클라우드 환경에서 완벽하게 테스트하고 검증해야 한다.

- 일부 클라우드 업체들은 페더레이션이나 사용자 인증 서비스 전문 업체를 이용해서 사용자 인증 서비스와 사용자 권한 인증 서비스를 제공하고 있다.

- 온-프레미스 서비스를 클라우드 환경에서 호스팅되고 있는 서비스와 연결하기 위해 IP 연결 계층이나 클라우드 업체가 제공하는 미들웨어를 활용할 수 있다.

- 클라우드 환경에서 솔루션을 테스트할 때는 모의 장애, 비용 측정, 확장성, 사용자 접속 테스트 그리고 인터넷 응답 지연시간 같은 환경 요소들에서 애플리케이션의 성능을 분리시키는 작업을 수행해야 한다.

- 대규모 이행 작업을 하기 전에 온-프레미스 운영팀의 운영 서비스에 상응하는 관리 기준들을 만드는 것이 필요하다. 이 관리 기준은 기업과 클라우드 업체 간의 역할과 책임을 명확히 정의하게 된다.

- 제공되는 서비스들을 모니터링하는 기준은 서버와 웹 호스트들의 작동 상태같은 기술적 기준보다 현업 사용자들이 업무를 정상적으로 처리할 수 있는지 여부, 즉 비즈니스 관점을 기준으로 해야 한다.

- 성능을 수치화하고 중요한 경향들이 나타나는지를 파악하기 위해 정기적인 측정 작업을 수행해야 한다.

TO THE CLOUD

EPILOGUE

신흥 시장과 클라우드

이 책 전반에 걸쳐서 클라우드로 이전하면 기업들이 총소유비용(TCO)을 낮출 수 있으며, 투자수익(ROI)을 증진하고 새로운 서비스와 제품을 시장에 출시하는 속도도 높일 수 있다는 점을 주장해왔다. 우리가 제시하는 가이드의 기본적인 몇 가지 가정 중 하나는 대부분의 CIO와 IT 전문가들이 그렇듯이, 클라우드 상에서 적절하게 운영하려면 상당한 수정 작업이 요구되는, 오랜 기간 이용해 온 시스템을 우리가 관리하고 있다는 것이다. 여러분의 기업도 남들과 비슷하다고 가정한다면, 유지하기도 힘들고 비용도 많이 들어가는 데이터 센터도 여기에 포함한다.

이 책의 프롤로그에서 IT의 3가지 중요한 활동을 언급했다. 기존 제품과 서비스를 유지하고, 개선하며, 새로운 것을 도입하는 업무다. 가트너 그룹은 이를 "실행, 성장, 전환"이라고 부른다. 가트너 그룹이 2011년 발표한 통계에 따르면 IT가 지출하는 비용 중 66%가 기존 제품 및 서비스의 유지(실행)에 쓰였으며 20%가 개선(성장)에, 14%만이 새로운 제품과 서비스의 도입(전환)에 쓰였다.[1]

여러분이라면 전체 IT 비용의 66%를 "실행"형 활동에 쏟아붓는 대신 기업 비즈니스의 "전환"형 및 "성장"형 활동에 더 투자하기를 원하지 않겠는가?

여러분의 회사가 이미 확고하게 구축되어 있는 기존 시스템과 데이터 센터 인프라에 신경 쓸 필요가 없어진다면 IT 전략은 좀 달라지지 않을까? 기존 회사가 아니라 신규 창업하는 회사라면 어떨까? 신흥 시장에 기반을 둔 회사라면 어떻게 할 것인가? 대상 지역에 아직 IT 인프라나 시

---

[1] 출처: Gartner, IT Metrics: Spending and Staffing Report, 2011, January 2011.

스템이 준비되지 않은 신흥 시장에 이제 막 진출하는 과정에 있는 다국적 기업이라면 또 어떻게 할 것인가? 또 여러분이 행정 관료이고, 여러분이 이끌고 있는 주, 시, 군 등에 전자 정부를 도입하려고 한다면?

신흥 시장에 있는 회사의 리더이든 신흥 시장으로 확장 중인 다국적 기업의 리더이든 클라우드 컴퓨팅을 통해 게임의 규칙을 변경할 수 있는 기회를 얻을 수 있다.

TO THE CLOUD

폭발적인 경제 성장

 이 책의 공저자 중 한 사람인 라지 비야니는 인도 하이데라바드에 있는 Microsoft IT 부서의 운영을 책임지기 위해 23년간의 미국 생활 끝내고 인도로 이사를 했다. 우리는 인도의 현재 흐름을 읽기 위한 한 가지 방법으로 지난 2세기에 걸친 인도의 경제 역사를 공부했고, 우리가 발견한 사실에 큰 충격을 받았다.
 1800년대 이후 인도의 국내총생산량(GDP)은 아주 미미한 규모에서 시작해서 지금은 1.5조 달러에 이르렀으며, 10년 내에는 2조 달러에 이를 것으로 예상된다. 다른 말로 표현하면, 인도가 향후 10년간 창출할 부의 규모가 과거 2세기 동안 만든 것보다 더 큰 상황이라는 것이다!

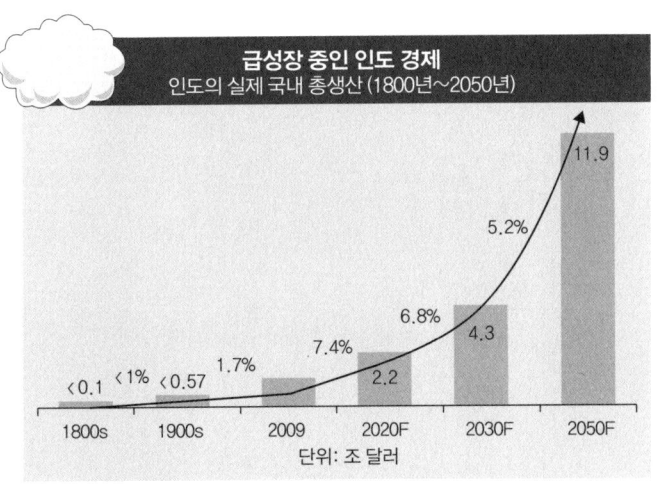

유사한 사례가 지구촌의 여러 신흥 시장에서 되풀이되고 있다. 예를 들어, Microsoft가 가장 급성장하는 시장은 브라질이다. 기존 시장들이 이미 성장 둔화기에 접어들어 수익 폭을 줄여야만 하는 치열한 경쟁 상황에 처한 반면에, 신흥 시장들은 부유한 나라에 사는 사람들이 당연한 것으로 여기는 여러 가지 문명의 이기들을 갖고 싶어 하는 수백만, 수천만 명의 잠재적인 고객들을 보유하고 있다.

신흥 시장에서 선진 시장으로 도약하려면 이를 뒷받침할 인프라가 필요하다는 것이 세계 곳곳에서 증명되고 있다. 사회와 국가를 지원하는 물리적 인프라(전력, 수도, 도로, 교량, 공항 등) 외에도 견고한 IT 인프라도 이런 성장을 위해 꼭 필요할 것이다.

그러면, 신흥 시장도 전통적인 IT 인프라에 투자하는 통상적인 방법을 따라야만 할까 아니면 한 세대를 건너뛰어 클라우드 기반 IT로 직행해야 할 것인가?

TO THE CLOUD

기회: 기존 기술 건너뛰기

신흥 시장은 성숙된 시장에서 아직도 깊숙이 자리 잡고 있는 유선 전화와 같은 기술 현상들을 건너뛰어왔다. 이와 같은 "기술 건너뛰기"는 신흥 시장의 많은 사람들이 더 빠르게 새로운 표준을 받아들이게 만들었다. 새로운 기술들이 성숙된 시장의 고객들이 요구하는 것에 비해 제공하는 기능은 부족할지라도, 그 기술들은 예외 없이 매우 경제적이어서 신흥 시장의 비용 요건을 충족시킬 수 있으며, 이런 기술들이 출현하기 전의 상황과 비교해서 훨씬 많은 유용성과 가치를 신흥 시장 고객들에게 제공할 것이다. 그러므로, 신흥 시장에서 성공으로 가는 길은 저렴하면서 최상위 기능을 갖추지 못한 장치로 접근이 쉬운 제품과 서비스를 제공하는 것이라고 말할 수 있다.

분명한 기회 중 하나는 휴대전화와 관련이 있다. 도로나 옥내 수도설비와 같은 아주 기본적인 인프라도 제대로 갖춰지지 않은 지역에서도 휴대전화는 광범위하게 사용되고 있다. 미국 중앙 정보국(CIA)이 출간한 "The World Factbook"[2]에 따르면, 인도와 중국의 경우 2명당 한 명꼴로 휴대전화에 가입했으며, 브라질은 5명당 4명꼴에 이르는 높은 비율을 보이고 있다.

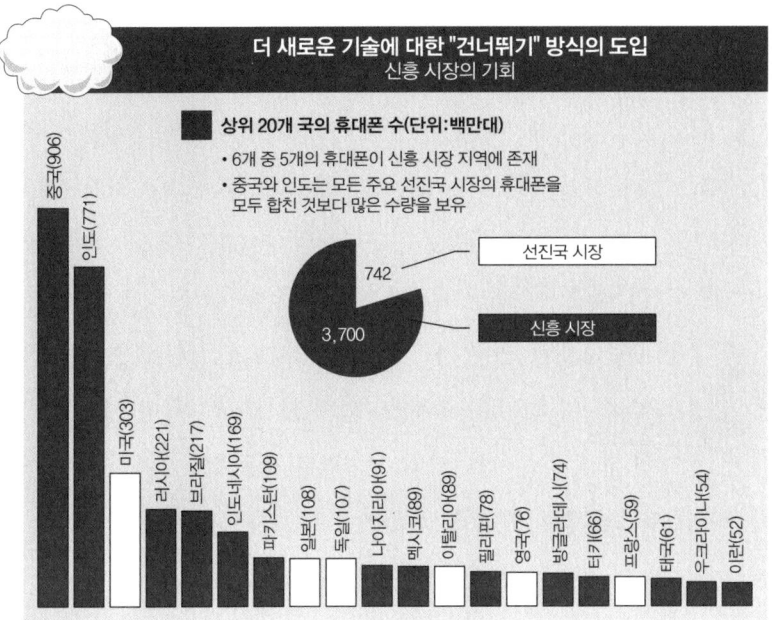

기업들은 휴대전화를 통해 다른 방법으로는 접근이 힘들었을 서비스를 제공할 수 있다. 예를 들면, 많은 인도인들은 도시에 살고 있다고 하더라도 은행 현금자동지급기(ATM, 은행 계좌를 갖고 있다면)를 찾기 위해서

---

2) https://www.cia.gov/library/publications/the-world-factbook/

는 상당한 거리를 이동해야 하고, 청구 대금을 납부하기 위해 한참 동안 줄을 서서 기다려야 하거나 가족들에게 현금을 보내기 위해 강도한테 털릴지도 모르는 배달원에게 15%의 프리미엄을 지불해야 한다. 클라우드에서 운영되는 온라인 은행 서비스에 접속해서 휴대전화로 자금을 이체할 수 있다면 많은 인도인들이 이 서비스를 사용하게 될 것이다.

또 다른 예는 저렴한 PC 및 씬 클라이언트의 확산이다. 클라우드 서비스, 특히 SaaS 서비스는 가장 빠른 프로세서나 용량이 큰 하드 드라이브가 필요없다. 가장 기본적인, 심지어 필수적인 것 이외의 장치를 모두 제거한 최소 사양의 PC를 사용할 수 있다. 아직도 인터넷 연결이 많이 부족하지만, 업체들이 꾸준하게 네트워크를 확장하고 개선하고 있기 때문에 멀지 않은 미래에 더 많은 사람들이 인터넷의 혜택을 받게 될 것이다.

개발도상국의 경제권에서 새로운 서비스와 제품을 출시할 때, 클라우드를 활용해서 얻을 수 있는 가장 핵심적인 효과는 시장에 진입하는 시간이 굉장히 짧다는 것이다. 이것을 "최초 출시자 이점"이라고 부른다. 전기, 광대역 네트워크 지원, 그리고 숙련된 노동력이 부족한 나라에서 클라우드 업체를 통해 활용할 수 있는 공유 가능한 자원들은 사회와 국가의 발전을 이끌 수 있는 매력적이면서 경제적인 선택인 것이다.

IT는 선진국에서 확보한 교두보를 개발도상국에서는 아직 확보하지 못하고 있다. 따라서 개발도상국의 IT 관련 정부 부처들은 소비자들이 그랬던 것처럼 이미 널리 적용되는 기술을 건너뛸 수 있다. 이들 신흥 시장에서 산업 전반에 걸쳐 기업들과 공공분야 조직들이 누릴 수 있는, 아직 현실화되지 않은 혜택은 거대하다.

경제가 성장함에 따라 IT로 구현할 수 있는 솔루션에 대한 필요와 수요도 커질 것이다. 불행하게도, 오늘날 유럽과 북미 지역의 많은 IT 현장에서 호스팅되고 있는 맞춤형 기업용 애플리케이션의 유형은 개발도상국 환경에는 적합하지 않거나 도입할 형편이 안 된다. 예를 들면, 인도에서는 자체 데이터 센터를 유지하는 데 소비되는 전력 비용이 천문학적이어서 몇몇 거대 기업을 제외하고는 구축이 거의 불가능하다. 클라우드 서비스로 이전을 하면 이런 장벽을 줄일 수 있다. 클라우드는 데이터 센터를 지을 정도의 자본력을 갖지 못한 기업들, 특히 중소기업들도 서비스를 사용할 수 있다.

GfK 고객 리서치는 2011년 6월에 발표한 설문 조사 보고서에서 신흥 시장과 클라우드 서비스가 아주 높은 친화력을 보인다는 것을 다시 한번 확인시켜 주었다[3]. 이 보고서는 브라질, 중국 및 인도 등의 나라에서 상당히 다양한 클라우드 솔루션들이 수용되어 왔음에 주목했다. 그리고 이 보고서는 선진국에서는 종종 클라우드 도입의 장벽으로 간주되는 데이터 보안과 같은 이슈가 개발도상국에서는 오히려 클라우드 솔루션의 핵심 장점으로 비춰지고 있음도 보여주었다.

인도: 플랫폼의 각축장

인도는 플랫폼 업체들에게 아주 특별하고 강력한 지역이다. 이는 인도의 종합적인 IT 역량과 다양한 서비스 상품 때문이라고 할 수 있다. 비록 많은 나라들이 IT 분야에 투자를 하지만, 인도는 고객의 입장에서 투

---

3) http://www.gfk.com/group/press_information/press_releases/008354/index.en.html

자할 뿐만 아니라 훌륭한 제품을 만들거나 전 세계의 고객들을 상대로 서비스를 제공하는 많은 글로벌 IT 기업들이 들어오고 싶어 하는 나라가 되기 위해 투자하고 있다. 이들 기업들은 특정 플랫폼의 도입 성공 또는 실패에 큰 영향을 줄 수 있기 때문에, 인도가 추진하는 이런 전략은 매우 중요하다.

클라우드는 메타-플랫폼 또는 플랫폼들의 플랫폼으로 생각할 수 있다. 비록 윈도우와 리눅스는 .net과 자바 언어로 작성된 기간 업무용 애플리케이션을 호스팅할 수 있는 플랫폼이지만 클라우드는 이들 운영 체제를 호스팅하고 부가 가치가 더해진 역량을 제공한다. 역사를 살펴보면 한 플랫폼의 성공은 필요한 것, 원하는 것을 가지고 직접 혹은 파트너 관계를 통해 강한 생태계를 제공하는 전략에 달려 있다고 할 수 있는데, 가장 많은 수의 가입자를 가진 플랫폼이 흔히 승리를 거둔다.

Microsoft는 PC 혁명의 여명기에 이 전략을 제대로 실행해서 ISV와 파트너들이 윈도우와 오피스 위에서 쉽게 개발 작업을 하도록 만들고, 이 파트너들이 거대한 규모의 고객 기반을 목표로 사업을 할 수 있는 생태계를 조성했다. 애플은 앱스토어를 통해 판매되는 수백만 개의 애플리케이션들로 무장한 아이폰과 아이패드를 통해서 이 전략을 재현했다. 어떤 측면에서 본다면 클라우드는 거의 다 대동소이하기 때문에, 인도의 IT가 어느 플랫폼을 적극 밀지가 인도의 강한 IT 역량과 아웃소싱 추세에 매우 중요한 요소가 될 수 있다.

비록 인도가 자신의 IT 주역들을 통해 클라우드 컴퓨팅의 방향에 영향을 끼치겠지만 인도 시장에 주목해야 하고 참여해야 하는 이유는 몇가지가 더 있다. 그 이유들은 다음과 같다.

- **개발되지 않은 잠재력** 인도는 IT의 활용과 도입 측면에서 아직 포화 상태가 아니다. 미국과 유럽, 중동 및 아프리카 지역과 달리 인도와 아시아 태평양 지역은 일반 기업 영역과 공공 영역 모두 IT 잠재력이 개발되지 않은 채로 남아 있다. "기술의 건너뛰기" 현상과 결합하면 커다란 성장 잠재력이 있다. 여러분은 인도 IT의 성장 잠재력을 잘 활용하고 있는가?
- **풍부한 자원** 인도는 기술 도입 테스트를 수행할 수 있는 최적의 장소이며 많은 거대 인도 기업들이 Centers of Excellences를 설립하는 목적도 주로 이 때문이다. 공급 업체와 ISV를 쉽게 구하고 협력할 수 있는 환경과 인도의 숙련된 IT 개발자 및 전문가들이 결합되어, 인도를 새로운 유행과 흐름에 대응한 실험을 가장 효과적으로 진행할 수 있는 곳으로 만들고 있다.
- **넘치는 기회** 인도에서 중소기업 이야기는 단지 시작에 불과하다. 중소기업들은 인도 사회가 가진 가장 큰 문제들이 오히려 가장 큰 기회라고 생각하기 시작했다. 당신이 거대 기업을 대표한다고 하더라도, 어떻게 클라우드 서비스를 이용해서 수많은 작은 조직들에게 힘을 실어줄 수 있을지 자문해 보라. 기회의 보물 창고는 꼭 정상에만 있는 것이 아니며 피라미드 바닥에까지 뻗어있다.

데이터 주권과 관련된 규정들이 클라우드 서비스의 인도 내수 시장을 성장시키는 데 큰 도움을 주었다는 사실도 주목해야 한다. 이 현상은 많은 잠재적 기회들을 만들어내면서 은행이나 금융 서비스, 보험, 보건 및 공공 영역에서 **빠르게** 현실화되고 있다.

국가의 법률이나 규정이 국내의 틈새 시장을 만들어주고 있지만, 회사 규모에 상관없이 많은 기업들이 클라우드 컴퓨팅의 전반적인 가치에 관심을 두고 있다. 인도의 기술 거인들 — 인포시스, 릴라이언스, 타타 및 위프로 등 — 은 모두 클라우드 서비스를 제공하고 있다. 충분한 기회를 감안하면 인도는 아주 훌륭한 전략적 투자 대상이며, 그렇지 못하다고 하더라도 클라우드와 같은 새로운 기술을 시험하기에 안성맞춤인 곳이다. (클라우드 전문가인 자나키람 MSV의 허락을 받고 그의 작업 내용을 이 책에 인용했다.)

비록 신흥 시장이 클라우드 컴퓨팅 분야에서 상당한 성장세를 누리고 있지만, 이런 성장이 단지 기술 도입만으로 이루어지고 있는 것이 아니라 기업가 정신과 새로운 혁신의 결과이기도 하다는 점을 주목해야 한다. 한 예로 인도 시장은 Microsoft 오피스 365, 세일즈 포스의 Force.com 및 구글의 Google Docs 같은 SaaS 서비스 영역이 엄청난 성장세를 보이고 있지만, 비즈니스 및 생산성 애플리케이션에서 협업에 이르는 수십 개의 서비스를 제공하는 Zoho라는 강한 경쟁력을 가진 신생 기업의 고향이기도 하다. 이 시나리오에서 Zoho 같이 신흥 시장에 진출하는 회사는 선진국에 기반을 둔 회사들이 제공하는 클라우드 서비스(예: Google Docs와 오피스 365같은)와 글로벌한 경쟁을 하게 된다.

클라우드가 제공하는 저렴한 도구와 장터를 활용하는 개인 개발자 같은 아주 작은 규모의 벤처기업들도 이제는 상대적으로 쉽게 시장에 진입할 수 있다. 누구나 스마트폰의 앱 스토어(어떤 경우엔 무료인)에 자기가 만든 애플리케이션을 발표할 수 있다. 고객들은 애플리케이션이 제대로 작동하고 유용한 가치를 제공한다면 그것이 어디서 왔는지는 크게 신경 쓰지 않는다. 휴대전화용 애플리케이션 개발자는 상당한 규모의 펀드를 모집할 필요도, 물리적인 상가에서 진열대 공간 확보를 놓고 경쟁을 할 필요도, 마케팅 캠페인의 선봉에 설 필요도 없다. 클라우드는 좋은 아이디어를 가진 사람이면 누구에게나, 캘리포니아에서 케냐에 이르기까지 평등한 시장을 제공해 준다. 선진국에 있는 사람들에 비해 더 많은 위험을 감수할 준비가 된 수많은 소규모 기업가들과 업체가 신흥 시장에 출현하고 있기 때문에 클라우드가 제공하는 이런 특성들은 아주 중요하다.

TO THE CLOUD

사례 연구

아래의 사례들은 클라우드 컴퓨팅과 클라우드 솔루션 형태의 인스턴스들이 어떻게 우리 생활에 다양한 혜택과 혁신적인 결과를 가져왔는지를 설명해 주고 있다. 비록 사례들이 인도와 관련된 내용들이지만, 이 사례들에서 얻을 수 있는 결론들은 다른 신흥 시장에도 동일하게 적용될 수 있다는 점을 강조하고 싶다.

사례: redBus.in, 클라우드 버스에 올라타기

등(燈) 축제 혹은 "디와리"라고 알려진 인도의 가장 큰 축제가 진행되던 2005년의 일이다. 가족과 함께 이 축제를 즐기기 위해 고향으로 돌

아온 대학을 갓 졸업한 젊은 개발자 한 명이 남아 있는 버스표를 검색할 수 있는 방법이 없어서 얼마 동안 고향에 발이 묶이게 되고 회사에 제때에 돌아가지 못하는 일이 생겼다. 인도의 열악한 교통 상황과 매진된 버스표에 대해 고민하던 이 개발자의 머릿속에 한 가지 아이디어가 떠올랐다. 인터넷을 통해 버스표를 팔면 안 될까?

이 생각이 발전해서 redBus가 되었고, redBus는 버스 사업자들의 도움 없이도 인도 전체를 통틀어 550만 장 이상의 버스표를 판매했다. 그리고 redBus는 서비스 개시 후 4년 만에 시스템 확장 이슈에 부딪히자, 시스템을 100% 클라우드로 이전하는 결정을 내렸다.

많은 성공적인 스타트-업 기업들의 사례에서 볼 수 있듯이, 미래의 수요를 예측한다는 것은 굉장히 어려운 일이다. 버스표 예매가 폭증하는 시간대의 다운 타임, 네트워크 구성과 관련된 문제들, 그리고 3~4주가 걸리는 하드웨어 업그레이드 주기 등의 이슈를 가진 redBus 자체의 온-프레미스 호스팅 방식은 엄청나게 성장하는 비즈니스에 적합하지 못하다는 것이 확실히 증명되었다. 그리고 새로운 사업 아이디어인 BOSS(Bus Operator Software Services)라는 재고 관리 솔루션까지 추가되었다. redBus의 CEO인 파닌드라 사마는 이렇게 회고했다. "사실 우리 같은 기술자들은 인도의 버스 산업을 잘 모르고 있었기 때문에, 새로운 사업이 얼마나 성공적으로 정착할 수 있는가에 대해서 약간 회의적이었다. 따라서 초기 투자 비용을 최소화하는 것이 아주 중요했다."

이런 이유들 때문에 클라우드 컴퓨팅이 가장 합리적인 선택으로 인식되었다. 퍼블릭 클라우드가 당시에는 비교적 성숙도가 떨어짐에도 불구하고 redBus는 3개월 만에 전체 비즈니스를 클라우드로 이전하는 데 성공했다. 이들이 예상한대로 redBus는 비용의 절감, 수요 변화에 대응한 확장성의 제공 그리고 관련 업무의 자동화를 통해 핵심 사업에 집중할 수 있게 되었다. 그러나 진짜로 놀라운 소식은 클라우드로 이전하자마자 영업실적이 25% 이상 증가했다는 것이다. redBus의 CTO인 차란 파드마라주는 이렇게 설명했다. "우리는 영업 기회를 놓치고 있었던 것이다. 클라우드로 이전한 것 외에는 아무것도 바뀐 것이 없기 때문에, 확장성의 부족으로 인해 지금까지 수많은 영업 기회를 놓치고 있었다는 사실 이외에는 달리 설명할 방도가 없다."

클라우드는 추가 작업을 줄여주었고, 이로 인한 비용 절감이 자연스럽게 이루어졌다. redBus가 관리자의 채용을 고려하던 데이터베이스 관리 업무도 클라우드 아키텍처 방식과 확장성을 적용하면서 온-프레미스 환경에서 이루어지던 수준의 세밀한 성능 튜닝이 필요 없는 것으로 결론이 났다. 마우스 단추를 몇 번 누르는 것으로 클라우드의 개발과 테스트 환경을 만들거나 지울 수 있게 되면서 가장 먼저 얻은 장점은 개발 생산성의 증가였다. redBus의 개발자들은 클라우드를 통해 얻게 된 개발 생산성을 활용해서, 지금까지 온-프레미스의 여러 가지 제약 사항 때문에 시도할 수 없었던 다양한 아이디어들을 시도하게 되었다.

궁극적으로 BOSS의 성공은, redBus를 고객들이 필요할 때 버스표를 살 수 있는 서비스를 제공하는 포털 업체에서 버스 운영 사업자들을 디지털화시켜주는 SaaS 제공 업체로 변화시켰다. redBus는 클라우드를 이용해서 매출 성장과 비용 절감을 이루었고, 핵심 사업에 집중함으로써 기존 사업을 개선할 수 있었다. 그리고 클라우드 솔루션 업체로 전환할 수 있었다.

서비스의 확장성 이슈가 redBus가 클라우드로 이전하게 된 이유이지만, 클라우드가 기업들에게 미치는 영향과 새로운 기업들을 키워낼 수 있는 능력이 가장 중요하게 다루어져야 한다고 생각한다. 이 가치들에 대해 사마는 다음과 같이 결론을 내렸다. "인터넷 시대는 산업혁명보다 시장 진입 장벽을 더 많이 낮추었고, 클라우드 컴퓨팅은 진입 장벽을 훨씬 더 많이 끌어내렸다. 클라우드를 이용해서 사업을 시작하는 기업들은 인프라에 대해 걱정할 필요가 없다. 이 사실 하나만으로도 우리를 포함한 더 많은 아이디어들이 빛을 보게 될 것이다."

사례: 인포시스, "클라우드볼루션"

외국의 기업들에게 낮은 비용으로 숙련된 기술 인력들을 제공하는 사업 – "아웃소싱" 혹은 "오프쇼오링"이라고 함 – 이 인도에서 가장 빨리 성장하는 분야라는 것은 더 이상 비밀이 아니다. IT 아웃소싱 서비스를 제공하는 회사들이 갖는 두 가지 경쟁 우위 영역은 직원들의 지식 수준과 솔루션 공급의 속도에 있다.

인포시스는 비용과 위험 요소를 최소화하면서, 세계 여러 지역에 분산되어 있는 최적의 인적 자원들을 연계해서 IT 프로젝트 수행의 수준을 높이는 GDM(Global Delivery Model)이라는 방식을 개척했다. 이 방식은 인도에서 아웃소싱 사업이 성장하는 데 기여했으며, 현재도 다양한 컴퓨팅 플랫폼을 사용하는 여러 산업계에서 진행되고 있는 수천 개의 IT 프로젝트에서 활용되고 있다.

인포시스는 GDM에 더 높은 효율성을 제공하기 위한 노력의 하나로 클라우드를 이용해서, 비용은 줄이면서 고객과 더 효과적으로 협업하여 고객의 요구에 더욱 빠르게 대응하고 있다. "클라우드볼루션"으로 이름 지어진 이 시도의 목표는 비즈니스와 IT 서비스가 고객에게 전달되는 방법을 혁신적으로 변화시킬 수 있는 클라우드 플랫폼을 "개념화, 설계, 그리고 적용"하는 것이었다. 이 시도의 일환으로 5개의 클라우드 플랫폼이 정의되었다. 다음의 도표에 5개의 플랫폼이 설명되어 있다(출처: 인포시스).

플랫폼	설명
마이클라우드 (MyCloud)	인포시스의 프로젝트 수행 환경을 가능하게 하는 사설 클라우드. 개념화와 소프트웨어 개발 활동 작업을 위해 내부적으로 사용되고 있음.
IS Cloud	회사가 내부적으로 사용하는 인포시스 IT 애플리케이션들을 서비스하는 사설 클라우드.
협업 클라우드 (Collaboration Cloud)	외부의 연구 기관 및 학교들과 협력을 강화하기 위해 이용하는 외부에서 접근할 수 있는 클라우드. 이 클라우드는 연구 실험과 개념 검증 작업 등의 업무 용도로도 사용되고 있음.
클라우드 생태계 통합자 (Cloud Ecosystem Integrator)	인포시스의 고객들이 클라우드 플랫폼의 설치 및 애플리케이션 구축, 그리고 다른 클라우드로 옮겨갈 수 있는 기능을 제공하는 클라우드 환경.
비즈니스 플랫폼 클라우드 (Business Platform Cloud)	인포시스의 여러 사업 부서들이 개발한 애플리케이션과 솔루션을 지원하는 클라우드 환경. 이 애플리케이션들은 기업의 다양한 비즈니스 요구(예: 스마트워킹 조직의 구현)와 금융과 제조같은 산업별 특성화된 업무를 지원하는 데 이용된다.

인포시스는 클라우드솔루션을 이용해 비용을 줄이면서도 프로젝트의 진행 속도를 높일 수 있었다. 그리고 이런 접근은 고객에게 더 빨리 솔루션을 공급할 수 있는 결과로 나타났다. 예를 들어, 인포시스는 IT 인프라를 통합함으로써 하드웨어 비용을 22% 줄이고 하드웨어의 전력 소비를 80% 정도 감축할 수 있었다. 인포시스의 내부 분석에 의하면, 과거에는 6주가 걸리던 프로젝트 환경구성이 현재는 6시간 정도면 가능하다.

현재는 윈도우 서버 하이퍼-V 기반의 사설 클라우드에서 운영되는 여러 개의 환경만 존재하지만, 가까운 미래에 윈도우 애저와 아마존 웹서비스 같은 퍼블릭 클라우드와 연동될 예정이고 이를 통해 인포시스가 제공하는 클라우드 서비스의 확장성과 속도를 더욱 높일 예정이다.

사례: 인도 국세청, e-Governance

세금 환급 업무를 처리하는 인도 국세청의 시스템 용량은 제자리이지만, 인도의 납세자 수는 매년 크게 증가하고 있었다. 이에 따라 인도 국세청의 세금 환급 업무처리와 세금 환급이 지연되는 기간도 매년 늘어났다. 세금 환급의 지연으로 인해 정부는 지연 환급금에 대한 추가 이자 비용을 지불해야 했으며, 관리 비용도 계속 늘어났다. 물론 납세자들의 불만도 지속적으로 증가했다.

인도 국세청은 이 문제를 해결하기 위해 인도 전역에서 전자적으로 접수되는 모든 소득세 환급 내역을 처리할 수 있는 중앙처리센터를 방갈로르에 세웠다. 이 센터의 목적은 인도 국세청이 접수 받는 모든 세금 환급 요청 건을 관리할 수 있는 수준의 업무 효율성을 확보할 수 있도록 프로세스를 개선 및 자동화하고 표준화하는 것이었다. 인도 정부는 2009년 2월에 이 계획을 승인하고 방갈로르에 센터를 만들었다.

센터를 이끌고 있는 소득세 담당 국장인 산제이 쿠마르 베르마에 의하면, 지난 2년간 전자적으로 접수된 세금 환급 요청 건수는 천만 건 수준으로 증가했다. 이 글을 쓰는 시점에 예측해 보면, 조만간 2천만 건을 넘길 것으로 판단된다. 이렇게 업무 효율성을 높인 공로가 인정되어, 이 센터는 2011년에 인도 정부가 수여하는 e-Governance Gold Award를 수상했다.

출처: 인도 정부

프로그램이 사용하기에 단순하고, 적은 비용에 세무 행정을 처리해 주는 세무사들이 많기 때문에 인도의 납세자들이 전자 신고 및 환급 시스템을 빨리 받아들일 수 있었다. 전자 신고 및 환급 업무 처리는 더욱 빨라졌고 납세자들이 환급금을 수령하는 기간도 짧아졌다. 2011년 7월, 타임즈 오브 인디아와의 인터뷰에서 베르마는 이렇게 언급했다. "중앙처리센터가 세워지기 전에는 세금을 환급받는 데 평균 15~18개월이 소요됐지만 현재는 89일밖에 걸리지 않는다. 모든 사람들이 빨리 환급금을 받고 싶어 하기 때문에, 전자 신고의 이용률이 계속 증가하고 있다." 이제는 환급금 지불 기간을 한 달로 줄이는 것이 센터의 새로운 목표가 되었다[4].

중앙처리센터는 솔루션 업체들과 공개적/개별적 파트너 관계를 수립하고 이를 통해 시스템 인프라를 제공하는 시험적인 방식을 시도했다. 솔루션 업체들이 IT 시스템을 설치하고 시스템에서 발생하는 트랜잭션당 비용을 지불 받는 방식으로 운영이 이루어지고 있다. 이는 클라우드 업체들이 제공하는 유틸리티 방식과 아주 유사한데, 센터는 이 방법을 적용해서 IT 자원의 적절한 용량 산정이라는 어려운 숙제를 해결하고 있다.

사례: Microsoft, 윈도우 애저 샌드박스

내부적으로 클라우드 적용 계기를 많이 만들고 확산하기 위해, Microsoft IT 부서는 윈도우 애저 샌드박스 서비스를 제공하기로 결정했다. IT 부서는 직원들과 인턴 사원들이 사용하는 윈도우 애저와 SQL 애저 서비스의 비용을 지원하고 있는데, 사용자당 한 달 비용은 몇 달러 정

---

[4] "E-filing of Income Tax returns sees a spurt." Times of India. http://articles.timesofindia.indiatimes.com/2011-07-26/india-business/29815673_1_e-filing-returns-income-tax

도 수준이다. 직원의 80%가 윈도우 애저 교육을 받은 Microsoft 인도의 IT 부서는 샌드박스를 활용하는 데 있어 다른 어느 나라보다 열성적이다.

■ **샌드박스 적용** Microsoft IT 부서는 애저 계정당 500명의 등록자를 지원하는데, 이 정도면 "서비스 관리자"로 등록한 모든 개발자들을 지원할 수 있는 충분한 수량이다. 개발자들은 필요에 따라 자신들이 원하는 기술을 테스트할 수 있지만, 계정을 소유하고 있는 Microsoft IT 부서가 언제든지 등록 권한을 회수하는 것도 가능하다.

Microsoft IT 부서는 프로그램 관리 기능의 일부로 사용자의 일주일 간의 자원 사용량을 요약해서 이메일로 알려주는 자동 트래킹 및 보고 기능을 제공하고 있다. 할당받은 자원을 초과해서 사용하는 사용자들에게는 이메일 경고와 함께 소비량을 줄이는 방법도 같이 알려주고 있다.

윈도우 애저 샌드박스 관리자는 해당 프로그램이 월별로 지원할 수 있는 예산 목표를 초과하지 않는 범위에서 프로그램 참여자 수를 유지하기 위해, 새로운 가입자 비율을 통제하는 기능도 같이 수행한다. 그리고 Microsoft IT 부서는 이런 시도를 통해 예측 가능한 IT 비용 구조를 만드는 것이 가능하다는 것을 재무 부서에 증명해왔다. 윈도우 애저 샌드박스를 시작한 Microsoft IT 부서의 임원 매트 햄페이는 이렇게 설명했다. "한 달 동안은 사용량이 거의 없다가 다음 달에는 엄청나게 늘어나는 현상은 아직까지 보지 못했다. 지금까지는 아주 일정하고 꾸준한 패턴을 보이고 있다. 이번 시도는 직원들이 자기들이 사용할 회사의 자원을 자체적으로 관리할 수 있는 방법을 보여주는 좋은 사례라고 믿는다. 그리고 내 생각에는 이 방식이 중앙 집중화 방식에 비해 더 유연하고 효율적인 것 같다. 결론적으로, 샌드박스는 아주 잘 작동하는 관리 시스템이라고 말할 수 있다."[5]

- **장애 요소의 제거** 샌드박스를 이용해서 클라우드 기반의 자원에 접근하는 일은 아주 쉽다. 등록 승인절차는 24시간 이내에 처리되고 기본 샌드박스 계정이 제공하는 것보다 더 많은 컴퓨팅 시간이나 저장 공간, 서비스가 필요한 개발자들은 더 많은 자원을 제공해주는 두 번째 단계에 등록할 수 있다. 샌드박스 사용자는 애플리케이션 구현을 위한 업무정의서를 제출할 필요도 없고 임원의 승인, 자금 지원 요청, 혹은 일정 허락도 따로 받지도 않는다. 대신에 개발자들은 별도의 비용 없이 여유 시간을 이용해서 파일럿 테스트나 프로토타입 애플리케이션을 윈도우 애저 위에서 구현할 수 있다. 윈도우 애저를 사용하기 때문에 다른 지역의 동료들이 해당 애플리케이션을 같이 테스트하거나 의견을 제공해줄 수 있는 부가적인 장점도 있다.

- **커뮤니티 활성화** 샌드박스는 근본적인 혁신을 장려하기 위해 "더 개러지(The Garage)"라고 알려진 회사 내부의 개발 커뮤니티를 활용하고 있다. 이 커뮤니티는 이메일이나 미팅을 통해 도출된 아이디어들의 검증과 관련된 질문 등을 지원해 주는 개방형 모임이다.

커뮤니티의 활성화를 위해서 개러지는 이메일 전달 리스트 작성, 내부 웹 사이트 구축 그리고 티셔츠 제공 같은 자잘한 업무 외에도 많은 중요 업무들을 진행해 왔다. 이 모임은 미국 워싱턴 주의 레드몬드와 인도 하이데라바드에서 정기적으로 개러지 과학 페어라는 행사를 개최해서, 전 세계 Microsoft 지사에서 모인 직원들이 자기들의 아이디어를 공유할 기회와 각종 경진 대회를 지원하고 있다.

---

5) "Sandbox Accelerates Grassroots Innovation in Windows Azure Development." Microsoft IT Showcase. http://www.microsoft.com/download/en/details.aspx?id=26206

또한 Microsoft는 직원들이 윈도우 폰과 애저 플랫폼을 이용해서 개발한 가장 혁신적인 프로토타입 제품에 현금 포상을 하는 제도도 시행하고 있다. 개러지 포상 제도는 직원들의 프로그램 참여를 유도할 뿐만 아니라, 사람들이 커뮤니티 내부에서 만들어진 새로운 개념과 아이디어들을 이해하고 신뢰하게 하는 결과를 가져왔다.

▪**혁신을 가능케 하기** 14개월 만에 4천 명의 직원들이 샌드박스에 등록했고(다음의 표 참고), 지금도 계속 증가하고 있다. 참여자들이 개발한 혁신적인 솔루션들을 살펴보면, 인도 직원들이 제출한 컴퓨터의 전력 소비를 관찰하는 그린 IT 프로토타입에서부터 세르비아 개발 업체들에게 클라우드의 위력을 보여준 샘플 애플리케이션에 이르기까지 다양하다.

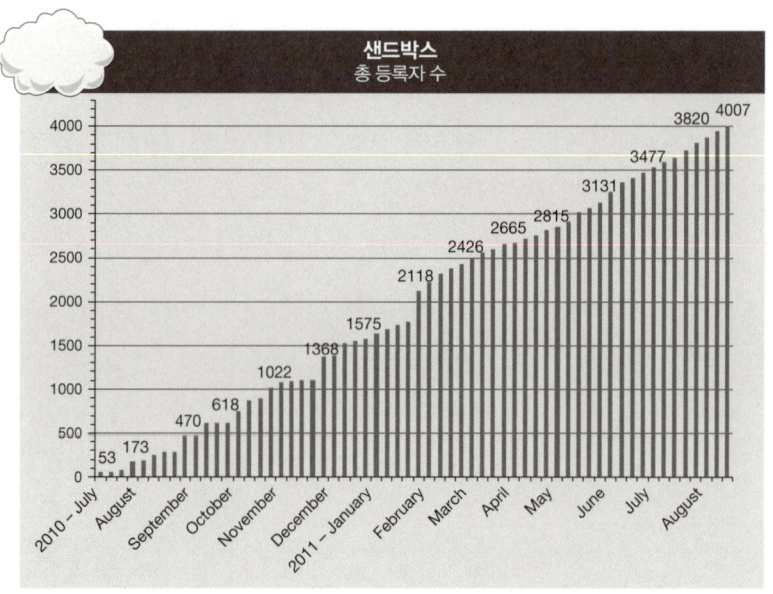

개발팀들은 샌드박스 프로젝트를 활용해서 클라우드 환경에서 더 빠른 혁신을 만들어내고 있다. Microsoft의 오피스 개발팀 같은 부서는 자기 부서의 서비스를 윈도우 애저 같은 클라우드 플랫폼으로 완전히 전환하는 데 투자할지를 결정하기 전에 샌드박스를 이용해서 클라우드 환경을 검토했다.

Microsoft IT 부서는 클라우드 기술을 이용해서 직원들을 교육하는 업무뿐만 아니라 일반 직원들이 혁신을 만들어내는 기업 문화를 확산하는 데도 윈도우 애저 샌드박스를 활용했다.

햄페이는 또 이렇게 언급했다. "회사 전반적으로는 비공식적인 참여도 굉장히 많다는 사실을 발견했다. 그리고 Microsoft 인도 직원들의 참여 비율이 매우 높다. 왜 그럴까에 대해서 터무니없는 상상은 하지 않겠지만, 하이데라바드 지역에 근무하는 직원들의 혁신을 위한 열정이 가장 강하다고 이야기할 수 있다. 이곳이 혁신에 대한 뿌리로부터의 열정이 다른 어느 곳보다 높은 것 같다."[6]

---

6) "Good ideas can come from anywhere." Livemint.com, HT Media. http://www.livemint.com/Companies/tNm9BC18UEsXwCzLjdGzFI/Matt-Hempey—Good-ideas-can-come-from-anywhere.html

TO THE CLOUD

신흥 시장의 도전 과제

    신흥 시장에 클라우드 컴퓨팅을 적용하는 것은 좋은 기회이지만, 동시에 극복해야 할 과제들도 많다. 클라우드를 활용해서 자국 경제의 성장을 이끌 수 있는 가능성을 본 정부들은 이미 많은 투자를 하고 있다. 예를 들어 중국은 아시아에서 가장 큰 규모가 될 것으로 예상되는, 도시 한 개 정도의 크기를 가진 데이터 센터를 구축 중에 있다.

    그러나 클라우드 컴퓨팅은 아직도 상대적으로 성숙도가 떨어지고 모든 국가가 클라우드 서비스를 현지에서 받을 수 있는 것도 아니다. 만약 기업들이 다른 국가에 위치하고 있는 클라우드 서비스를 이용하는 경우에는 해외 지역에 있는 데이터를 분류하는 것과 관련된 위험 요소들과 응답 지연시간 이슈가 증가할 수 있다.

신흥 시장 현지에서 클라우드 서비스를 제공하는 것과 관련된 첫 번째 장벽은 공급자들 간의 경쟁 부재로 인해 비용도 비싸고 안정성도 많이 떨어지는 인터넷 연결 상황이다. 또 다른 장벽은 전력 상황이다. 전력 공급이 불안정하면 클라우드 데이터 센터는 자체 백업 시스템을 확보해야 하는데, 이는 전반적인 비용의 증가로 이어지게 된다. 어떤 시장에 있든지 잠재 고객들이 서비스 수준 협약(SLA)을 포함한 클라우드 서비스의 전반적인 안정성을 신뢰하게 만드는 것이 중요한 요소다.

이런 시장에서 비즈니스를 하는 일부 기업들, 특히 중소 규모의 기업들은 자체 운영 방식을 유지하는 것이 더 경제적일 수도 있다. 소프트웨어의 불법 사용 비율이 높은 시장의 경우 클라우드를 활용하면 비용이 낮아지는 것이 아니라 더 높아질 수 있다고 우려하는 기업도 있을 수 있다.

많은 국가에서 클라우드에 대한 규제는 초기 상태에 머물고 있다. 각국 정부는 개인정보와 보안의 장악을 통해서 그들이 원하는 통제 수준을 확보할 수 있기 때문에, 개인정보와 보안이란 것은 양날의 검이 될 수 있다. 중국 정부와 구글 간의 갈등 그리고 인도와 중동 국가들이 블랙베리의 암호화 기술과 관련해서 제조사인 Research in Motion(RIM) 사에 취한 태도를 보면 이런 점은 더욱 명확해진다.

그런데 아쉽게도 사용자들이 선택하는 클라우드 업체들이 현지의 문화와 법률, 그리고 사업의 특성을 잘 이해하고 신흥 시장에 들어가야 한다는 이야기는 한마디도 들리지 않는다. 클라우드 업체들은 현지 대학이나 통신 업체와의 전략적 파트너십을 통해 자기들이 해당 시장에서 오랫동안 사업을 지속할 거라는 점을 증명해야 한다. 물론 현지 시장에 제공하는 기능과 가격 체계도 해당 국가의 경제 발전 수준에 적합해야 한다.

Summary 요약

- 만약 신흥 시장에서 사업을 하는 기업이나 신흥 시장에 진출하고자 하는 다국적 기업에서 근무하는 경영진이라면 클라우드를 활용해서 새로운 사업 기회를 만들 수 있다는 점을 명심하자.

- 사업 부서들이 신흥 시장에서 제품이나 서비스를 팔 계획을 가지고 있고 이를 위해 IT 부서의 지원이 필요하다면, 기획 업무 초기에 신흥 시장에 대비한 클라우드 전략을 수립해야 한다.

- 많은 신흥 시장들은 그동안 시장에 등장했던 기술들을 적용해오지 않았기 때문에 새 표준들을 빠르게 적용하고 확산하는 데 있어 선진국 시장보다 유리하다. 이 시장에서는 낮은 가격과 하드웨어 사양으로 접근할 수 있는 제품과 서비스가 쉽게 성공할 수 있다.

- 개발도상국에서 제품과 서비스를 출시하기 위해 클라우드를 사용할 때의 핵심 장점은 빠른 시장 대응 능력에 있다. 이를 통해 시장에 가장 먼저 진입하는 업체가 갖는 혜택을 누릴 수 있다.

- 전력 공급, 브로드밴드 네트워크 지원 그리고 숙련된 인력들이 부족한 국가들은 클라우드 업체들의 자원 공유(풀링) 시스템을 활용해 경제적인 가치를 만들 수 있다.

- 불안정한 인터넷 연결, 부족한 전력 공급 능력과 규제 등이 신흥 시장에서의 클라우드의 도입과 확산을 막는 주요 장애 요소들이다. 사용자 입장에서는 현지 시장의 문화와 사업 환경 및 법규를 이해하고 그 시장에 장기간의 투자와 사업 운영을 약속할 수 있는 클라우드 업체를 선정해야 한다.

용어 해설

TO THE CLOUD

ADFS(Active Directory Federation Services) 서로 신뢰할 수 있는 사업 파트너들이 네트워크를 통해 사용자 계정 정보를 안전하게 공유하게 해주는 표준 기반의 사용자 인증 서비스. 페더레이션의 한 파트너에 속해 있는 사용자가 다른 파트너가 서비스하는 웹 애플리케이션에 접속해야 한다면, 해당 사용자가 속한 파트너가 사용자의 권한 인증과 사용자 계정 정보를 "클레임(Claim)"이란 형태로 상대 파트너에게 제공한다. 웹 애플리케이션을 호스팅하는 파트너는 수신된 클레임을 해당 웹 애플리케이션이 이해하고 처리할 수 있는 형태의 클레임에 연동될 수 있는 트러스트 정책을 사용해야 한다. 해당 웹 애플리케이션은 클레임을 이용해서 사용자 및 권한 인증을 한다.

Amazon RDS(Amazon Relational Database Service) 클라우드 환경에서 관계형 데이터베이스의 설치, 운영과 확장을 쉽게 해주는 아마존의 웹 서비스

BLOBs(binary large objects) 테이블 형태 대신 플랫 파일 형태로 저장된 이미지, 비디오, 데이터 또는 문서들. BLOB 스토리지 서비스는 폴더 같은 구조를 가지고 있다.

BPaaS(Business Process as a Service) 단일 애플리케이션에 반대되는 개념으로, 한 비즈니스 프로세스의 전체 혹은 일부를 제공하는 서비스 상품. BPaaS는 다른 업체들의 서비스를 서로 연계하는 것도 가능하다.

DaaS(Data as a Service) Daas는 웹 서비스와 OData(Open Data Protocol) 같은 표준 기술을 이용해 애플리케이션들이 데이터 추출, 분석 및 모델링 작업을 할 수 있는, 인구 통계자료 같은 원본 데이터에 접근하는 방법을 제공한다. 서비스 제공자는 원본 데이터와 데이터의 수준을 관리하고, 고객들은 필요에 따라 합리적인 가격으로 데이터를 이용할 수 있다.

EXT3 리눅스 기반 분산이 사용하는 공통 파일 시스템(운영 체제)

IaaS(Infrastructure as a Service) 사용자가 가상 머신에서 클라이언트/서버 애플리케이션을 실행할 수 있도록 해주는 클라우드 서비스. 클

라우드 업체가 네트워크, 서버 그리고 스토리지 자원을 관리하고 고객이 운영 체제와 애플리케이션을 관리해야 한다.

ISO/IEC 27001:2005 조직의 전반적인 비즈니스 위험 상황을 고려한 문서화된 정보 보안 관리 시스템의 수립, 실행, 운영, 모니터링, 검토, 유지와 개선을 위한 요건들. 이 표준은 개별 조직들의 필요에 따라 맞춰진 보안 통제 실행을 위한 요건들을 정의한다.

JSON(JavaScript Object Notation) 자바 스크립트 프로그래밍 언어의 서브셋에 기반한 데이터 교환 포맷이다. JSON은 프로그래밍 언어와 완전히 독립적이지만 C 언어 계열의 프로그램 개발자들이 익숙한 규칙들을 사용해서 이루어졌다.

Microsoft Dynamics CRM Online 사용자 등록을 하고 사용하는 웹 기반의 고객 관리 서비스로서 영업, 마케팅 그리고 IT 지원 업무를 관리하기 위해 사용되는 CRM 서비스. 이 서비스는 Microsoft 아웃룩을 이용해서 이용할 수 있고 고객 관리를 위한 많은 요구들을 충족시키기 위해 커스터마이징할 수 있다.

Microsoft 오피스 365 모든 규모의 기업들에게 업무 생산성 솔루션을 제공하는 Microsoft 온라인 서비스 컴포넌트의 하나. 오피스 365는 Microsoft 온라인 프로페셔널 플러스 데스크탑 애플리케이션과 함께

Microsoft 익스체인지 온라인, 쉐어포인트 온라인 그리고 링크 온라인으로 구성되어 있다.

Microsoft 쉐어포인트 콘텐츠/문서 관리와 웹 플랫폼을 이용한 정보 공유를 위해 사용하는 Microsoft가 개발한 협업 도구

Microsoft Visual Studio 매니지드(C#, VB.NET 등)와 언매니지드(C++ 등) 코드의 애플리케이션 개발을 할 수 있는 플랫폼을 제공하는 Microsoft의 통합 개발 환경(Integrated Development Environment, 통상 IDE라고 부름)

OData(Open Data Protocol) 애플리케이션, 데이터베이스, 서비스 그리고 저장 장소 등의 다양한 출처에서 데이터에 접근할 수 있도록 HTTP, Atom Publishing Protocol과 JSON을 기반으로 작성된 웹 프로토콜과 표준. OData는 다양한 출처에서의 데이터 통합과 공유를 쉽게 하기 위해 만들어졌다.

PaaS(Platform as a Service) 클라우드 업체가 운영 체제, 미들웨어 등을 포함한 모든 환경을 관리하고, 사용자가 애플리케이션의 개발, 적용, 모니터링 그리고 유지·보수를 책임지는 서비스 제공 모델.

Payment Card Industry(PCI) Data Security Standard 지불카드 산업 보안 표준 위원회(Payment Card Industry Security Standards Council)가 제정한

정보 보안을 위한 통제 기준으로서 신용카드 정보를 다루는 기업들이 반드시 준수해야 한다.

SaaS(Software as a Service) 클라우드 인프라에서 운영되는 애플리케이션에 기업들이 등록하고 사용하는 서비스 방식으로 컴퓨터, 모바일폰 등의 다양한 장치에서 접근할 수 있다. 기업들은 일부 구성 작업과 데이터 수준 관리 등을 제외한 운영에 대해서는 거의 책임을 지지 않는다.

SQL 애저 SQL Azure 클라우드에서 제공되는 SQL 서버 기술 위에서 제공되는 관계형 데이터베이스 서비스

SSL(Secure Sockets Layer) 웹 브라우징(HTTPS 같은)과 다른 형태의 인터넷 트래픽에 광범위하게 사용되는 네트워크 연결을 암호화하는 암호화 프로토콜

three-9s IT 시스템의 99.9% 가용성을 간단하게 표현하는 방식

가상 머신 VM(virtual machine) 가상화 기술을 사용하는 서버의 운영 체제(호스트) 내부의 독립된 환경(게스트)에서 운영되는 운영 체제. 가상 머신은 물리적 자원을 공유할 수 있고 한 대의 컴퓨터에서 여러 개의 가상 환경을 동시에 실행시킬 수 있는, 서버 내부에서 작동하는 "가상 컴퓨터"에 가깝다.

공유 서비스 shared services 복수의 애플리케이션과 회사 내부의 여러 그룹이 사용하는 중앙화된 서비스들

관리용 도구 administrative tooling 클라우드 서비스의 관리를 위해 사용되는 도구들

멀티테넌시 multitenancy 동일한 인프라 환경(예: 한 대의 서버)에서 여러 개 조직의 애플리케이션과 데이터가 같이 호스팅되는 환경

모노리틱 소프트웨어 설계 방식 monolithic software design 사용자 인터페이스와 비즈니스 논리 계층 같은 기능들이 한 개의 애플리케이션 컴포넌트에 아주 세밀하게 통합되는 애플리케이션 설계 방식. 일명 "통 구조"라고 불림.

모의 트랜잭션 synthetic transactions 한 시스템 상에서 로그인, 검색 작업 또는 요청 전송 같은 사용자 업무를 모의 시험할 수 있는 자동화된 테스트로서, 실제 운영 환경 관점에서의 성능과 가용성을 테스트하기 위한 목적으로 이용된다.

미국 표준 기술 연구소 NIST(National Institute of Standards and Technology) 새로운 기술과 기준 그리고 표준 등을 개발하고 적용하기 위해 산업계와 밀접하게 협력하고 있는 미국의 공식적인 기술 담당 기관

변경 가능한 비용 addressable spend 클라우드 이행으로 인해 비용 절감에 영향을 받을 수 있는 IT 예산의 비율

병렬화 parallelization 한 개 이상의 트랜잭션이 동시에 처리되는 컴퓨팅 방식

보안 개발 라이프사이클 SDL(Security Development Lifecycle) 전통적인 소프트웨어 개발 주기의 단계별로 구성한 보안 구현 방법의 모음으로 구성된 소프트웨어 개발 보안 보증 프로세스. SDL 프로세스는 Microsoft나 윈도우 플랫폼에만 적용되는 것은 아니며, 다른 운영 체제, 플랫폼, 개발 방법 그리고 프로젝트에도 적용 가능하다.

복제 replicate, replication 동일한 데이터를 복수의 공간에 분배하는 프로세스. 복제는 이중화, 장애 복구, 오류 복구 혹은 접근성을 확보하기 위한 방법으로 이용된다.

사베인-옥슬리 법 SOX(The Sarbanes-Oxley Act of 2002) 주식 시장에 상장된 회사들이 준수해야 하는 회계와 재무 규정 표준 등에 관한 미국연방정부법. 이 법은 SOX 감사와 규제 준수 보고서에서 사용된 데이터를 보관하는 IT 시스템 및 프로세스들과 밀접한 관계를 가지고 있다.

사설 클라우드 private cloud 클라우드 컴퓨팅의 장점을 대부분 제공하면서 오직 한 조직에게만 서비스되는 클라우드 인프라 환경. 사설 클

라우드는 온-프레미스나 오프-프레미스 환경에서 조직 자체적으로 관리할 수도 있고 제 3자가 대신할 수도 있다. 데이터 보안과 정보 보안에 대한 우려가 높은 기업들에게 적합한 모델이다.

사용자 수용 테스트 UAT(user acceptance testing) 애플리케이션이나 서비스가 초기의 요구 사항을 만족시키는지 여부를 확인하기 위해서 사용하는 시스템적인 검증 방법. 솔루션을 실제 운영하기 전에 이 방법을 이용해 최종 사용자나 서비스 소유자가 실제 시나리오와 사용 사례 등의 테스트를 진행한다.

사용자 인터페이스 계층 UI(user interface) layer 사용자와 애플리케이션이 상호 작용하는 인터페이스. UI 계층은 데이터를 보여주고 사용자가 데이터를 입력할 수 있는 방법을 제공한다. 비즈니스 논리와 데이터 저장 계층으로부터 UI 계층을 분리하는 것이 일반적이다.

샌드박스 sandbox 실제 운영 환경에 최소한의 위험만을 제공하면서 애플리케이션이나 코드 일부만을 테스트 및 검증할 수 있는 공간을 제공하는 개발 환경

섀도우 IT 애플리케이션 shadow IT applications 표준 IT 프로세스를 지키지 않거나 중앙 IT 부서의 허락없이 개발되어 현업에서 운영 및 관리하는 IT 애플리케이션들

서비스 버스 service bus 네트워크 트래픽이 기업의 방화벽을 통과해

서 공개된 접근 지점에 전달될 수 있도록 해주는 미들웨어 플랫폼. 이 서비스는 멀티캐스트 메시징, 워크플로우와 데이터 보존 기능을 강화한 스토리지 등의 추가 기능들도 제공한다. 메시징 기능을 이용하면 IP 계층의 통합 없이도 파트너 간의 연동이 가능하다.

실시간 기업 real-time enterprise 빠른 애플리케이션 개발, 데이터의 지속적 흐름 보장 그리고 기존의 장기 계획과 수정 주기로는 달성할 수 없는 대응 능력을 요구하는 기업

애플리케이션 분류 application segmentation 비즈니스와 기술적 항목들을 기준으로 기본, 중간 그리고 고급 단계로 구분한 애플리케이션 분류 프로세스

애플리케이션 프로그래밍 인터페이스 API(application programming interface) 애플리케이션 컴포넌트 간의 통신을 위해 사용되는 규칙들을 정의한 모음

오프-프레미스 off-premises 기업이 소유하고 운영하는 장소 이외의 장소에서 서버 같은 자원들을 관리하는 방식. 통상 써드 파티 데이터 센터라고 부른다.

온-프레미스 on-premises 기업이 소유하고 운영하는 장소에서 서버와 같은 자원들을 관리하는 방식. 통상 기업 데이터 센터라고도 부른다.

운영 비용 OPEX(operational expenditures) 고정 자산 비용으로 처리되지 않는 서비스 항목을 일정 기간 운용할 때 발생하는 변동 비용(예: IT 서비스 비용). 여기에는 인건비와 유지·보수 비용 등이 포함된다.

워터폴-스타일 방법론 waterfall-style methodologies 프로젝트의 단계들이 순차적으로 아래쪽 방향 혹은 폭포(워터폴) 같은 패턴으로 완료되는 소프트웨어 설계 엔지니어링 모델. 워터폴-스타일 프로젝트의 공통 단계에는 요구, 설계, 실행과 검증이 포함된다.

웹 서버 web server 네트워크 상에서 서비스되는 웹 사이트 같이 사용자를 위한 콘텐츠를 호스팅하는 소프트웨어를 운영하는 서버

웹 프록시 서버 web proxy server 웹 사이트에서의 데이터 검색, 콘텐츠 캐싱과 규칙을 이용한 웹 사이트 필터링 같은 다양한 기능들을 수행하는, 인터넷 웹 서버와 최종 사용자 사이에 위치하는 서버.

자본 비용 CAPEX(capital expenditure) 통상적으로 1년 이상의 사용 기간을 가지는 고정 자산 구매를 위해 사용되는 비용

정적 콘텐츠 static content 자주 변경되지 않는 콘텐츠

커뮤니티 클라우드 community cloud 공통의 목적이나 방향성을 가진 조직들이 공유하는 클라우드 인프라. 이 인프라는 해당 조직이나 제 3자가

관리할 수 있으며, 온-프레미스나 클라우드 환경에서 운영될 수 있다.

콘텐츠 전송 네트워크 CDN(content delivery network) 데이터 전송 중 발생하는 응답 지연시간을 줄이기 위해 데이터의 복제와 저장이 가능한, 지역적으로 분산되어 있으면서 서로 연결되어 있는 노드들의 집합. 이를 통해 트래픽 집중과 병목 현상 및 데이터 손실을 방지할 수 있음.

클라우드 버스팅 cloud bursting 온-프레미스의 업무 부하를 클라우드 환경으로 넘길 수 있는 기능

클라우드 서비스 cloud service 클라우드 플랫폼 위에서 인터넷 혹은 인트라넷을 통해 제공 및 사용되는 IT 솔루션. 서비스 범위는 이메일에서부터 전체 IT 플랫폼까지 포함된다.

클라우드 플랫폼 cloud platform 호스팅되는 애플리케이션들과 서비스들의 컴퓨팅, 스토리지와 관리 서비스들을 제공하는 클라우드 소프트웨어와 인프라

탄력성 Elasticity 스토리지, 네트워크 대역폭 또는 컴퓨팅 용량을 거의 실시간으로 증가시키거나 줄일 수 있는 능력을 의미함. 이를 통해 사용자는 자신이 운영하는 솔루션의 자원 이용을 최적화할 수 있는 확장성을 확보할 수 있다.

태블릿 tablet 기본 사용자 인터페이스가 터치 스크린인 이동식 개인용 컴퓨터

턴키 솔루션 turnkey solution 사용자가 처음으로 사용하기 전에 수정 작업이 필요 없는 통합 서비스나 제품

트위터버스 Twitterverse 인기있는 대중매체들이 트위터 사용자들의 커뮤니티를 표현하기 위해 사용되는 말로 "트위터"와 "유니버스"의 합성어이다. 트위터는 사용자들이 인터넷에 짧은 메시지를 게시하거나 다른 사람들이 올린 메시지를 볼 수 있는 소셜 미디어 서비스

패브릭 컨트롤러 Fabric controller 컴퓨팅 자원의 프로비저닝, 부하 분산(로드 밸런싱), 서버 관리, 운영 체제 업데이트 그리고 제반 환경의 작동 여부 확인 등의 작업을 수행하는 클라우드 환경의 소프트웨어

퍼블릭 클라우드 public cloud 전 세계적으로 이용이 가능하고 콘텐츠 전송 네트워크(CDN)와 같은 자원 집중이 필요한 업무들을 처리할 수 있고 규모의 경제를 통한 비용 절감 효과를 제공하는 멀티테넌트 환경. 퍼블릭 클라우드를 사용하는 고객들은 프로비저닝, 관리, 업그레이드 그리고 하드웨어 교체 등의 작업을 수행하지 않아도 된다.

프로비저닝 provisioning 클라우드 사용자가 컴퓨팅 자원(하드웨어와 소프트웨어)을 사용할 수 있도록 만들어 주는 작업 프로세스.

하이브리드 클라우드 Hybrid Cloud 고유한 속성을 유지하지만 데이터와 애플리케이션의 이식성(미국 표준 기술 연구소에서 정의한)을 보장하는 기술로 연계된 두 개 또는 그 이상의 클라우드(사설, 커뮤니티 혹은 퍼블릭)를 포함하는 클라우드 인프라

하이브리드 환경 Hybrid Environments 사용자 그룹이나 시나리오를 지원하기 위해 같이 작업을 수행하는 온-프레미스와 클라우드 서비스의 통합

확장성 scalability 한 시스템의 사용 가능한 용량을 교환할 수 있는 기능. 시스템의 확장은 3가지 방식으로 가능하다. 서버의 하드웨어나 가상 머신에 할당된 CPU와 메모리 등의 자원의 수를 늘리는 방식의 스케일-업(수직 확장이라고도 부름), 애플리케이션이나 서비스가 사용하는 확장 단위를 추가하는 스케일-아웃(수평 확장으로 불림) 그리고 가용한 자원의 용량을 줄이는 스케일-다운 방식으로 나누어짐.

TO THE CLOUD

찾아보기

A
Addressable spend 92

B
BLOBs 149, 162
BPaaS 39, 58

D
DaaS 39, 58, 170

I
IaaS 37
ISO/IEC 27001 114

P
Platform as a Service(PaaS) 37

S
SaaS 38, 39, 51
SDL(Security Development Lifecycle) .
....152
SSL(Socket Secure Layer) 146, 149

ㄱ
가상 머신 37
가상화 20
공유 서비스 75, 81, 94

ㅁ
멀티테넌시 36, 48
모노리틱 156, 181
미국 표준 기술 연구소 35, 36, 39

ㅂ
보안 개발 라이프사이클(SDL) 152

ㅅ
사베인-옥슬리(SOX) 72
사용자 수용 테스트(UAT) 52
샌드박스 54
섀도우 애플리케이션 76, 94, 105
서비스 버스 143, 168
서비스 측정 58
실시간 기업 8

찾아보기 | 227

ㅇ

애저 샌드박스 54
액티브 디렉터리 페더레이션 서비스 ..
.... 167
오프-프레미스 10
오피스 365 196
온-프레미스 9, 10, 20
워터폴 124, 135
웹 프록시 141

ㅈ

자본 비용(CAPEX) 52, 91, 128

ㅋ

커뮤니티 클라우드 40, 89
콘텐츠 전송 네트워크(CDN) ....
.... 40, 44, 75, 116, 162
클라우드 버스팅 41, 56, 88
클라우드 서비스 23, 26, 28, 34, 36
클라우드 플랫폼 23, 39, 56

ㅌ

탄력성 36, 39, 47

ㅍ

패브릭 컨트롤러 42
퍼블릭 클라우드 40
프로비저닝 20, 111

ㅎ

하이브리드 클라우드 40, 58
하이브리드 환경 9, 129, 148
확장성 39, 42, 44